JN438714

그날의
합창

그날의 합창

유종인

수필과비평사

일흔 살! 내 인생을 돌아봅니다. 따스한 품속에서 소리치며 세상에 나와 숨어있는 사연들을 글을 통해 노래하니 마냥 즐겁습니다. 내 삶의 이야기 소리가 노래이고 함께 부르며 지내왔던 고운 임들이 다정다감한 합창단원이었습니다. 어린 시절 철부지로 뛰놀던 친구들과 포근히 감싸주는 가족이 곁에 있어 좋았습니다. 은사님들의 보살핌에 감사하고, 오랜 세월 함께 어깨동무한 동료교원들과 지인들 덕분에 오늘이 있습니다. 잘 영글어간 소중한 제자들도 언제나 행복한 마음을 갖게 했습니다.

삶의 터전을 가꾸면서 힘들었던 사연들을 마음에 담았다가 새롭게 되새기는 이야기들이 노래가 되어 널리 퍼져가는 듯합니다. 즐거움 속에 환호성을 지르고 싶었던 기쁨과 자랑스러움도 작은 새의 노래가 되어 세상의 빛이 되어갑니다. 글 속에 숨어있는 작은 이야기들이 미래의 세상이 더욱 사랑과 아름다움이 가득하게 하는 데 조금이나마 보탬이 되었으면 하는 바람입니다.

마음의 넋두리를 글로 모아 내놓으려니 그냥 얼굴이 붉어집니다. 그동안 제 마음이 글이 되어 첫 수필집으로 얼굴을 내밀게 해주신 모든 분들에게 감사드립니다.

2020. 한여름

화산공원 자락에서

百賞 유종인柳鍾寅

Contents

1부

호박씨의 마음

2부

사방팔방 선생님

3부

초록빛 우산

4부

은빛 구슬

5부

누렁이가 목욕할 때

6부

열세 살 소년의 꿈

1부 호박씨의 마음

도마 소리 | 호박씨의 마음 | 강냉이 한 알

큰누님의 마음 | 그날의 합창 | 제비 가족의 노래

조금은 모자라야 | 좋은 아버지 | 유혹의 거미줄에 갇힌 곤충

도마 소리

열린 대문을 들어서자 귓전을 울리는 경쾌한 소리가 들려온다. 뚜다닥 뚜다닥 또다닥 또다닥……. 부엌 가까이 가서 힘을 주어 "어머니!" 하고 부르면 반가운 미소를 머금고 "왔냐!" 하며 젖은 손으로 반가이 맞이해주시곤 했다. 다정스러웠던 그 음성이 멈춰 선 지도 어언 다섯 해가 지나갔다. 어쩌다 꿈속에서 메아리처럼 들려오곤 하는 게 그래도 위안이 되기도 한다.

어려서부터 나이가 들 때까지도 주위 사람들은 내게 어머니를 많이 닮았다고 했다. 그럴 때면 왠지 기분이 좋아 즐거운 마음이 들었다. 서른셋의 나이에 일곱 번째로 나를 낳으시고 몇 달 후 한국전쟁이 일어나 산골마을에는 밤이면 더욱 무서운 공포의 나날이 이어갔다. 젖은 물론이고 곡식과 설탕이 부족해서 미음도 제대로 못 끓여 생명을 지탱해주느라 힘겨웠던 이야기를 헤아릴 수 없이 해주며 눈시울을 적시곤 하셨던 게 엊그제 같다.

왜소한 아들의 부족함을 응원해 주려는 마음인지 사람들이 묻지 않아도 어려서 젖배를 곯아서 작다고 말씀하시곤 했다. 그래서인지 언제나 맛있는 것을 장만하여 많이 먹게 하려고 평생을 애쓰셨던 그 마음이 한결같으셨다. 그렇게 스물한 해 동안 껌 딱지처럼 붙어살다가 두 해 동안 천릿길 먼 곳에서 공부하며 헤어져 지내다 또 붙어 지냈다. 알콩달콩 만들어주신 음식을 먹으며 결혼도 하고 20여 년이나 동고동락하다 홀로 남겨두고 지금 살고 있는 도시로 떠나 살게 되었다.

두 곳의 직장을 옮겨 근무하면서 토요일은 어김없이 시골에서 기다리는 어머니를 찾아가는 게 큰 기쁨이기도 하였다. 그러다가 섬마을의 중·고교로 발령이 나서 근무하게 되어 걱정하실까봐 숨겨왔다. 어쩌다 폭풍이 불어 육지에 못 나올 때는 멀리 출장 갔다고 거짓말을 하고 주말이면 꼬박꼬박 찾아가서 함께 자고 오곤 했으니 그렇게 믿으셨다. 두 해 동안 지내다가 겨울 어느 날 아랫마을의 친척 되는 분이 우연히 들러 "댁의 아들이 몇 년 전 큰 배 사고로 수백 명이 목숨을 잃었던 그 섬에서 근무를 한다면서요?" 그 말을 듣고 얼마나 놀라셨는지 얼굴이 백지장처럼 변했다고 훗날 그분이 얘기해주셨다. 그 후부터는 바람만 조금 세게 불어도 행여 아들이 배를 타고 오다 어찌 될까봐 걱정하며 지내시게 되었다. 예전과 달리 토요일에 가면, 서둘러 저녁식사를 챙겨주신 후 갖가지 음식 보따리를 준비하여 어서 가라고 쫓아 보내듯 하시던 그 모습이 생생하다.

세 해 동안 섬마을에서 지내다가 다시 또 가족들이 있는 도시로 자리를 옮기게 되어 팔십 중반의 노모님 걱정을 조금 덜어주게 되었다. 흘러가는 세월 따라 승진도 하고 퇴직할 때까지 십여 년이 넘도록 특별한 일이 없으면 주말은 고향집으로 달려가 1박 2일의 모자상봉이 이어졌다.

그러던 어느 토요일 고향마을 회관 앞에 주차를 해놓고 가다 이웃집 한 아주머니를 만나 인사를 하고 대화를 하다가, 그분이 갑자기 웃으면서 "아! 오늘이 토요일이고만, 어쩐지 그저께부터 부엌에서 토닥거리는 소리가 길에까지 크게 들리더라!" 라고 하면서 환하게 웃으셨다. 이따금씩 십여 리 떨어진 시장에 가시는 그분에게 아들을 위해 요리하려고 이것저것을 사다주라고 부탁을 하곤 했단다. 빨리 '어머니!'하고 부르고 싶어 서둘러 집에 들어가 도마 소리의 장단에 맞춰서 만들어낸 갖가지 음식을 함께 먹곤 하였다.

서릿바람이 불어오는 저녁상에 김을 내뿜으며 기다리는 노란 냄비 속의 김치찌개가 유난히 떠오른다. 어머니와 함께 울고 웃으며 나를 기다리던 나무도마는 지금도 그곳에 그대로 살고 있다. 지붕도 단장하고 이따금씩 찾아가는 고향집 길모퉁이로 접어들어도 가녀린 팔뚝으로 두드리시던 그 소리는 들리지 않는다. 매년 텃밭에 무, 배추를 심어 가을이면 아내와 함께 김장도 하며 고마웠던 그 도마를 가까이 놓고 살살 두드리며 옛 생각을 하게 되니 감회가 새로워진다.

어쩌다 찾아가서 어설프게 토닥거리는 크고 작은 소리를 하늘나라에서 듣고 계실지 모르지만, 아마도 사나흘 전부터 마음속으로 귀한 손님같이 여기시며 온 정성 다하여 울려내던 정 깊은 소리와는 큰 차이가 나리라 생각된다. 어머니의 사랑 깊은 자장가 소리가 아련하여 오늘 밤 나를 포근히 잠재운다.

호박씨의 마음

동그랗고 커다란 호박 한 덩이가 내 곁에서 미소 짓고 있다. 지난해 서리 내리던 가을에 시골집에서 가져와 함께 지내게 된 호박이다. 꼭 내 어머니같이 인자하신 모습에 나도 혼자 웃음 머금는다. 또 생각이 나서 두 손으로 쓰다듬고 물어봐도 대답이 없어 한 번 더 아픈 웃음을 지어본다.

"어머니! 호박이 이렇게 예쁜지를 이제야 알겠어요." 유복有福이라는 이름을 갖고 살아오시며 서른셋에 나를 빛 보게 하시고 "와! 나도 아들 낳았다." 하고 작은 소리로 새벽 닭 울음 들으시며 안도의 기쁨에 눈물 흘리셨다는 어머니의 옛 이야기를 회상해본다.

나를 낳기 하루 전까지도 베틀 위에서 베를 짜셨다는데 철거덕철거덕 소리에 내가 발을 둥둥 차는 소리와 어울렸다니 얼마나 힘드셨을까? 어머니는 늦가을 미리 골라놓은 일등짜리 씨호박을 잘라 좋은 씨를 받고 말려 두꺼운 종이 봉지를 만들어 흰 실로 꿰매어 보관하시곤 했다.

작년 봄이 되기 전 일찌감치 구덩이 파놓고 온갖 거름을 부어넣은 뒤 기다리다 행여나 늦을세라 십여 개의 구덩이에 두세 개씩의 씨를 심으시는 모습을 지켜보았다. 나는 그전까지만 해도 호박은 절로 줄기가 이리저리 뻗어나가 꽃 피고 열매 맺어 우리가 하나둘씩 따다 먹는 줄 알았다. 그러나 그것이 아니라 어머니가 자식을 애지중지하며 키워왔듯이 그에 버금가는 온갖 정성을 다해야 한 덩이의 호박으로 완성된다는 것을 알 수 있어 혼자 바보처럼 아픈 마음을 달래었다. 어머니는 따뜻한 봄이 되어 파란 떡잎이 나오면 솎아내고 그중에서 하나만을 잘 키우셨다.

어린 호박 구덩이 근처엔 잡풀 하나도 없이 정리하고 줄기를 담 위로 뻗어가도록 나뭇가지를 받쳐주며 정성을 다하셨다. 보살펴주는 사랑과 정성에 보답하듯 하나의 씨가 수십 개의 잎을 키워가며 한 걸음 또 한 걸음 해와 달 구름 그리고 비바람과 함께하며 담 위를 제 안식처로 삼고 살아가는 게 좋아보였다.

그러다 하나 둘 아주 작은 열매를 달고 있는 암꽃과 초라한 수꽃이 하나둘 피어날 때 자기를 만들어준 우리 어머니의 정성을 다 받지 못하고 쓸쓸하게 자랐다. 이젠 너희들도 이만큼 컸으니 배운 대로 알아서 잘 살아라 하는 것처럼 푸른 오월에 어머니는 우리와 호박넝쿨의 곁을 훌훌 떠나셨다. 담 위로 올라가 지붕까지 뻗어가는 호박 가족도 있지만 땅바닥으로 줄기 내고 살아가는 가족도 있다.

어느 날 반갑지 않은 잡초들이 어린 호박 줄기들을 괴롭히고 덮어버려서 숨을 쉬지 못하고 말라가고 힘들어 하는 것을 보았다. 서둘러서 주변의 풀을 뽑고 정리하여 편하고 건강하게 자랄 수 있도록 보살펴주었다. 우리들은 그전에 "사랑이 별거더냐 좋아하면 그만이지 이래저래 정이 들면 호박꽃도 꽃이란다."라는 유행가도 들어보았다. 그러나 그 노래에는 더 깊은 뜻이 담겨 있는 듯하다.

하나의 씨가 발아되어 싹이 트고 가지를 내고 커나가 수백 개의 가지와 잎 사이에서 꽃을 피운다. 어릴 적에 작고 초라한 꽃 밑에 씨호박도 붙이지 못하고 피어난 숫 호박꽃은 많았다. 그래서 눈길도 받지 못하고 시들어 가는데 반대로 넓고 크며 암술도 큼지막한 멋진 암 호박꽃들은 사람들도 반기고 좋아했다.

어디서 날아왔는지 호박벌들이 이 꽃 저 꽃 돌아다니며 암수 꽃의 사랑을 맺어주며 열매를 튼실히 맺게 해준다. 어쩌다 보면 세상이 변하듯 호박벌은 보기 힘들고 꿀벌들이 대신 좋은 일을 하는 것을 종종 볼 수 있어 다행이다.

작은 씨앗 하나가 커다란 터전을 만들어 수십 개의 아들딸 호박을 탄생시킨다. 여름부터 가을까지 무수히도 크고 작은 열매로 사람들에게 맛있는 요리재료로 넉넉함을 선물했다. 겨울이 오기 전엔 잎줄기까지도 선사하고 떠나는 아름다움을 간직한 고귀함을 보여주었다.

시집 장가 다 보내고 찬 서리 맞을 땐 마른 줄기가 되어 한 해를 마무리한다. 윤기 나고 실한 씨앗들을 남기고 말이다. 그중에서 처음 맺었던 호박이 지금의 나를 기쁘게 하는 저 동그란 얼굴인 것이다.

강냉이 한 알

"세상에 한 애비가 600여 명의 자식을 둘 수 있어?" 누가 들어도 기가 찰 노릇이다. 먼 한 나라에는 우리가 상상할 수 없을 만큼 한 남자가 많은 부인과 수십 명의 자녀를 두고 산다는 얘기도 들었다.

지난 늦은 봄 우리 부부는 시골의 밭에 강냉이 씨앗을 두 알씩 정성껏 심었다. 몇 날이 지난 뒤 찾아가보니 가느다랗고 파란 새싹이 나와 있는 것을 볼 수 있었다. 그런데 어느 곳엔 소식이 없어 걱정하다 시내에 가서 모종을 조금 사다 그 자리를 메꾸었다. 비료도 주고 물도 주며 가끔씩 찾아갈 때마다 신통방통 잘도 커가고 있어 내심 숙달된 농사꾼인 양 의기양양하였다.

씩씩하게 자라는 옥수수를 보니 옛날 동요인 〈기찻길 옆〉의 2절 가사가 불현듯 떠올라서 “기차 소리 요란해도 옥수수는 잘도 큰다.”라고 혼자 불러보며 부지런히 잘 커서 튼실한 열매를 맺어주기를 바랐다.

두 해 전에 멀리 떠나가신 어머님은 알뜰살뜰 밭의 빈 곳 하나 없이 온갖 것들을 심고 가꾸시곤 했었다. 그러나 우리는 멀리 있다는 핑계로 이곳저곳을 잡초에게 점령당하게 방치한 게 항상 미안했다. 그나마 올해는 큰마음 먹고 심어본 옥수수가 튼튼하게 자라 하늘 향해 자라고 있으니 얼마나 대견한지 모른다. 어느 때부터인지 사방에 수술을 달고 하나 둘씩 한 식구가 되어 자리 잡고 있는 열매가 길쭉하게 붙어있는 게 신기했다. 행여나 어미 곁에서 떨어질까 두려운지 아기가 잘못될지 걱정되는지 포대기로 감싸듯 널따란 잎이 잘도 지켜내고 있어 안심이 되었다.

옥수숫대는 아버지같이 길고 큰 잎은 어머니의 손길 같았다. 무더운 여름날이 되어도 그냥 가을이 되면 열매가 익어가겠지 하고 무심히 지내다가 8월 초 어느 날, 어? 많이 컸네……. 하고 자세히 보게 되었다. 그리고 또 언젠가 사람들에게서 들었던 수염이 까맣게 되면 익은 거라고 한 말이 생각나서 아내를 부르고 골라서 따기 시작했다. 한 대에도 우리네 집안의 자녀처럼 태어난 때가 다른지 너무 쇠어버린 것부터 아직 갓난아기같이 연약한 것도 있었다. 마루에 앉아서 다듬다 보니 마을의 한 아주머니가 들러서 또 한 가지를 알려주어 잘 여문 것은 마루 위의 빨랫줄에 매달아 놓았다. 적당히 익이 삶아 먹기 좋은 것은 또 분리하여 따로 정리하고 그분에게도 드리고 시내에 오다 누나와 동생에게도 주고 오니 왠지 흐뭇했다.

여러 가지로 시골 집과는 정반대의 구조인 아파트에 왔다. 사방이 열려진 뒷마당의 솥에서 쪄낸 옥수와는 다르지만 그래도 가스레인지에 삶아서 인근의 아들딸 집에 갖다 주고 위층 지인에게도 자랑하듯 선물도 했다. 그래서 직접 농사짓는 보람이 있나 보다 하고 생각했다.

어린 옥수수 열매까지 잘 성장하여 모두 출가시키고 빨랫줄에 매어 둔 바싹 마른 것들을 가지고 와서 알을 떼어내려니 여간 힘든 게 아니었다. 그래도 요령이 생겨 한 줄을 먼저 때어내니 다음은 쉬워져서 빨리 하다가 도대체 강냉이 한 알이 몇 개의 가족을 이루어냈지? 하고 궁금증이 나서 어린아이처럼 꼼꼼히 세어봤다.

종류별로 다를 수 있지만 우리가 심은 것은 줄이 열네 줄에 각각 마흔다섯 개 정도 달려 있으니 짐작으로 600여 개는 넘었다. 강냉이 한 알의 씨앗이 싹을 틔워 대여섯 개씩 수확을 하게 되었으니 짐작으로 보아도 모두 합하면 수천 개가 되는 것이다.

참깨나 콩, 다른 곡식들은 어떻고 과일과 열매채소는 또 얼마나 많은 가족을 거느리게 되는지 상상해보니 흥미가 일어났다. 이번 기회에 우리의 삶을 풍요롭고 윤택하게 하고 사람들의 생명을 보존해주는 각종 농산물의 위대함에 감사를 보낸다. 우리들이 항상 평화롭고 행복하게 살아갈 수 있도록 힘써 주는 한 알의 씨앗 같은 사람이 많았으면 얼마나 좋을까.

큰누님의 마음

큰누님! 그동안 잘 지내셨는지요.

오늘 따라 눈이 큰 복을 주려는 듯 바람도 없이 소복소복 예쁘게 내려옵니다. 오래전 하얀 저고리 동전 밑에 보라색 깃이 함께 있어 곱게 어울렸던 머리 땋은 누님의 모습이 새삼 그리워집니다. 요즘에는 겨울이 되어도 이상 기온 현상 때문에 풍성한 눈도 보기가 힘들지요.

그런데 이렇게 온 천지가 그 옛날처럼 쌀가루 같은 풍성한 흰 눈이 쌓이고 있어 다시 한 번 누님과의 맺어진 아름다운 추억을 회상해봅니다. 그때 내리는 눈을 보며 "아! 저눈이 쌀이어서 가루내어 떡을 만들면 온 식구가 얼마나 좋아할까?" 하고 어린 마음에 소망도 해보았지요.

함박눈 펑펑 내리던 추운 겨울날, 수백 날을 힘들게 일에 지친 암소가 머물던 곳, 누님과 함께 하던 따뜻한 외양간의 커다란 아궁이엔 불타던 청솔대가 사그라지고 검은 솥에서는 소여물 끓는 연기가 누님의 모습을 가리고 퍼져갔지요. 한참이 지나 잦아든 불 속에 크고 작은 고구마 넣고 빙그레 웃으시며 나가시던 뒷모습도 눈에 선합니다.

집집마다 호롱불이 하나둘씩 꺼져갈 때면 누님은 내 손을 잡고 아궁이 앞으로 데려갔지요. 부지깽이로 까만 재를 휘저으며 밖으로 얼굴을 보이는 까만 고구마를 골라서 껍질 벗겨 제게 주시던 따스한 그 손길이 아련합니다.

소쿠리에 담아 안옥한 방에 자리 잡고 앉아 있을 때, 눈을 헤치고 뒤란의 땅속에 묻힌 장독에서 싱건지와 동치미를 떠오시던 큰누님 얼굴이 겨울 되니 또 보이는 듯합니다.

춥지만 따뜻했던 긴 겨울밤의 속삭임이 또렷이 떠올라 그곳으로 달려가며 그려봅니다. 큰누님!

제 어릴 적 춥고 어두운 밤 등불 밝히고 쇠죽솥 말끔히 씻으시며 물을 펄펄 끓이시던 그 모습도 생생합니다. 행여나 어린 동생 추워서 떨까 걱정되어 아궁이 불 끌어내고 기다리게도 했어요. 넓고 커다란 옹기그릇을 외양간 한쪽에 놓으시고 우물에서 여러 번 두레박으로 물을 길어오는 고생도 하셨지요.

뜨거운 물과 잘 섞으시며 적당한 온도의 작은 내 목욕탕을 만들어주신 것을 이제야 알게 되었습니다. 더 작은 옹기그릇에는 또 다른 물을 준비하고 마지막 몸을 씻어주던 시원함이 추운 겨울이라 더 시원하게 생각납니다.

열 살이나 위의 큰누님이 있어 저는 다른 아이들보다 몸도 잘 씻을 수 있어서 항상 편안한 밤을 보낼 수 있었습니다. 친구들은 만날 몸을 긁적거리지만 나는 그렇지 않고 지낼 수 있었던 감사함도 미처 몰랐습니다.

목욕을 안 하겠다고 투정부리는 철부지를 커다란 손으로 잡아끌어 구석구석 깨끗이 씻어주고 큰 보자기로 감싸 안아주던 긴 팔의 힘도 느껴집니다. 그리고 아랫목에 누이고 포근한 이불을 덮어주던 그 마음의 기억이 생생하여 고마움에 멍해지는 기분입니다.

너무나 먼 지역에 살고 계시니 자주 못 보고 사는 게 안타깝습니다. 어릴 적 수년 동안 동생 목욕시켜주시던 고마움을 다른 방법으로 보답한다고 하면서도 제대로 못하고 있구나 하고 항상 반성하기도 합니다. 그 시절에는 겨울 내내 온 산과들이 눈으로 덮여있었는데 요즘은 그렇지 않아서 안심도 되곤 합니다.

무던히도 날씨가 추웠고 아이들의 손등은 갈라지고 핏자국이 보이면서도 팽이치기 연날리기 등을 하니 더 그랬지요. 제 손등은 누님의 사랑으로 항상 반들반들 했었으니……. 그 정성에 새삼 눈시울이 적셔 옵니다.

누님! 추운 겨울이 되어서 걱정이 됩니다. 무릎이 안 좋으시어서 고생하시지만 그래도 하루 한 시간씩 걷는 운동도 잘하신다니 안심이 됩니다. 본인도 증손자 보시고 백수白壽도 더 지나신 시어머님을 모시며 생활하시는 장하신 그 큰마음을 걱정하며 위로해 봅니다.

육십여 년 전 불이 활활 타다 사그라진 아궁이 속 맛있었던 고구마의 향기를 꿈속에서나마 맡아봅니다. 춥다고 오들오들 떠는 저를 따끈한 물로 정성껏 씻겨주던 그 사랑을 제대로 갚지도 못 하니 송구합니다.

언제나 어디서나 올 겨울은 우리 다 함께 밝은 웃음이 머무는 곳에서 즐거운 소리와 모습만을 보면서 지냈으면 합니다. 그렇게 빌어봅니다.

그때도 지금도 누님! 고맙고 감사합니다. 바르고 열심히 살아주는 것이 보답하는 길이라 여기며 잘 살아보겠습니다. 항상 건강하세요.

눈이 펑펑 내리는 날에, 부족한 동생 드림.

그날의 합창

합창단원들이 하나 둘씩 모여들었다. 식사를 한 뒤 영정 앞으로 모여 지휘자를 향해 둘러섰다. 우리 가족은 영정 양쪽에 자리를 잡았다. 잠시 침묵이 흐르고 지휘자의 지휘에 맞춰서 이십여 명의 단원들이 합창을 시작했다.

나는 어려서부터 노래 부르기를 좋아한 덕으로 평생을 음악과 함께 살아왔다. 중고교시절은 짧은 기간이지만 합창반에서 활동했고, 대학에서는 성악을 전공한 뒤 학생들과 더불어 음악인생을 보냈다. 퇴직을 일 년 앞두고는 아버지합창단의 테너 파트 단원으로 참여하기 시작했다. 아버지합창단은 각자의 일터에서 열심히 일을 한 아버지들이 목요일 저녁마다 모여 아름다운 하모니를 만드는 모임이다.

어머니께서 99세[白壽]가 되신 지난 생신날 온 가족이 모여 즐거운 자리를 함께했다. 아파트는 답답하다며 사흘도 안 계시고 시골집으로 가시곤 하던 어머니는 대문을 들어서기가 무섭게 이제 살겠다며 좋아하셨다. 자기 세상을 만난 듯 집안의 문을 다 열어젖히고 앞뜰 뒤뜰을 부산하게 돌아다니시니, 얼굴색이 밝아지는 것 같았다. 아마도 평생 시골의 산과 들에서 맑은 공기를 마시며 사셨기에 낯익은 환경이 더 좋으셨을 것이다. 혼자 생활하시면서 이따금 내가 잘 먹는 물김치도 담가주실 정도로 강건한 분이셨다.

일주일에 수시로 찾아가서 뵈었지만 그래도 언제나 마음은 불안했다. 어머니는 이따금 나에게 "네가 하늘에서 떨어졌는지 땅에서 솟아났는지." 하면서 칭찬을 하시곤 했었다. 효도는 못 했지만 어머니를 위해 최선을 다하는 내 마음을 알아주셨겠지만 나는 매일 함께 생활하지 못해서 미안하고 죄스러울 뿐이었다.

어느 날 아내와 함께 갔을 때의 일이다. 그날이 목요일인 것을 아시고 오늘도 노래 부르러 가느냐고 말씀하시기에 그렇다고 했더니 돈이랑 받으면서 하느냐고 물으셨다. 내가 웃고 있으니 아내가 "어머니, 돈을 내면서 해요!" 하니 어머니께서는 빙긋이 웃으며 "노래 부르는 것도 몹시 힘들 텐데." 하고 아들을 걱정하셨다. 그러면서도 "그전에 노인정에서 네가 노래 부르는 것을 보니 아주 우렁차더라."라며 흐뭇해하셨다.

그러던 어머니가 덜컥 입원을 하셨다. 편찮으신 중에도 여섯 남매의 모든 가족과 손자손녀의 손을 잡아주며 덕담을 하셨다. 나이 든 아들에게 "밥도 잘 먹고 살 좀 쪄라."라고 말씀하셨다. 그것이 나에게 남기신 유언이었다. 일제강점기와 인공시절을 겪고, 오늘날까지 온갖 희로애락을 겪은 어머니는 그렇게 꽃잎 지듯 운명하셨다.

정기연주회를 앞두고 너무 연습을 못한 탓에 걱정이 되어 사경을 헤매며 오늘내일하시는 분을 두고 일요일 오후 합창연습을 하고 갔던 것이 마음에 걸린다. 물론 가족들이 있어서 그랬지만……. 어머니가 작고하시고 이틀째 되는 날 오후 합창단 단장에게서 전화가 왔다. 평소 어머니가 노래 부르는 것을 좋아하셨다는데, 정기연주회에서 부를 곡 중에 오문옥 시, 이안삼 곡 〈우리 어머니〉를 장례식장 영정 앞에서 합창단원이 모여 들려드리면 어떨지 가족과 상의해서 알려주면 좋겠다고 했다. 그 말을 듣는 순간 망설였다. 그렇게 해도 괜찮은 것인지, 슬픔에 잠겨서 엄숙하고 숙연히 머리 숙여 죄를 빌어야 할 자리이기 때문이다. 우리 가족이 모두 모여 상의한 결과 좋은 생각이라고 결론짓고 그렇게 하자고 연락을 했다.

"국화꽃 그윽한 어머니 향 내음 바람결에도 내 가슴 스미네. 단풍잎 밟고서 돌아가신 어머니 산까치 울던 그길 어머니 품 그리네. 어머니 소리만 들어도 아픈 이 가슴에 바닷물 출렁이는 눈시울 적시네. 아아 보고 싶은 우리 어머니"

낯선 장례식장 풍경이었지만 단조로 된 곡의 가사와 멜로디가 듣는 이들을 숙연하게 했다. 조문객 모두 넋을 잃은 듯 조용해지고, 눈가에 이슬방울이 맺힌 이들도 하나둘씩 보였다. 누구에게나 어머니는 계셨고 또 계시기 때문일 것이다.

삼우제를 지내고 다음날 정기연주회 연습 때, 단원들의 고마움에 보답하는 마음으로 〈우리 어머니〉를 불렀다. 그리고 정기연주회발표에서 또 다시 어머니를 생각하며 그 노래를 불렀다. 나도 모르게 눈가엔 눈물이 고였다. 내 눈물을 관중들은 못 보았을 것이다. 내 마음의 눈물까지는 더더욱 말이다.

제비 가족의 노래

그 옛날 봄부터 제비들이 재잘대던 내장산 뒷마을, 내가 태어나고 자라서 무수한 추억거리가 간직된 곳이다. 어머니가 혼자 살고 계셨던 집이라서 지금도 자주 찾아간다. 지난 칠월 오후 대문을 열고 들어가 마루에 앉으니 토방에 하얀 새똥이 즐비하게 떨어져 있어서 보니 제비똥이었다. 반가워서 처마를 쳐다보니 수년 전 지어진 제비집에는 노란 입을 벌리는 아기 제비 네 마리가 있지 않은가!

엄마 아빠 제비는 먹이를 구하러 나가서 보이지 않았다. 날씨가 유난히 더운 여름이라 걱정이 되었다. 집을 지을 시간과 재료 구하기가 어려워서인지 몇 해 전에 지어놓은 낡은 집에 보금자리를 틀었나보다.

제비집을 둘러보니 조금은 보수를 한 흔적이 보였다. 아파트는 답답하다며 한평생 이 집에서 사시다가 두 달여 전 돌아가신 어머니가 생각났다. 제비새끼들을 보는 순간, 나도 몰래 눈시울이 뜨거워졌다.

어머니는 수년 전 살아계실 때 홀로 큰집을 지키며 언제나 제비 부부에게 새끼들을 잘 키워서 날아가라고 혼잣말을 자주 하시더니 그 보답으로 제비가 우리 집에 찾아온 것일까? 특별히 제비를 사랑하셨던 어머니의 모습이 생생히 떠오른다. 살아계실 때 일주일에 한두 번 전주-정읍간 1번 국도를 신나게 달렸었다. 어머니가 사셨던 그 집은 아주 오래 전에 지었던 한옥기와집이다. 앞뒤 뜰에는 어머니랑 함께 심어놓은 호박과 오이, 토마토, 가지 등 채소들을 살피려고 아내와 함께 다니곤 했다.

초등학교 때 친구들이랑 봄이 되면 울타리 사이 커다란 가죽나무 끝에 지어진 새의 둥지를 흔들어 아기 새 가족들을 괴롭히고, 앞 뒷산 휘젓고 다니며 이름 모를 새둥지를 찾아 새 알과 예쁜 아기 새를 가져와서 놀던 그 때도 제비는 괴롭히지 않았었다. 남녀노소 모두 보호하고 아껴주는 제비이기 때문이었다.

며칠 동안 비워 둔 집이라 할 일이 많은데 자꾸 그 제비집으로 관심이 갔다. 잠깐 짬을 내어 스마트 폰으로 사진을 찍어 유난히 제비가족을 좋아했던 서울의 큰딸에게 보냈다. 방학을 하면 두 아이들에게 제비를 구경시켜주려고 내려온다니 이렇게 좋은 체험학습 기회가 어디 또 있으랴! 그러면서도 제비부부가 먹이를 갖고 오다 나를 보고 영영 안 오면 어쩌나 하는 걱정도 했다.

어릴 적 어른들 말씀이 제비는 사람의 손을 타면 안 된다고 했던 기억이 났기 때문이다. 우리 부부는 일단 서로 할 일을 정하고 각자 일하기 편한 옷을 갈아입었다. 땀을 흘리면서 괭이와 호미, 낫을 가지고 열심히 일을 했다. 뒤뜰에서 일을 하다 말고 잠깐 제비 가족을 살피니 다행히 먹이를 주고 날아가는 멋진 한 폭의 그림을 볼 수 있어 한편으로는 마음이 놓여서 좋았다.

정신없이 땀을 흘리며 풀과 싸움을 하니, 지나가던 집안 동생이 빙긋이 웃으면서 제초제를 하지 왜 힘들게 풀을 매느냐고 했다. 마루에 앉아 전주에서 사온 막걸리를 된장에 풋고추를 찍어 안주로 먹으며 한두 잔 주고받으면서 여러 이야기를 나누었다. 그러면서 우리 집에 제비가 왔다고 자랑하니 처마 위의 제비들을 확인하고 올해 좋은 일이 있으려나 보다며 함께 웃었다.

왜냐하면 요즘 시골에서도 제비를 구경하기가 힘들기 때문이다. 우리 둘이는 다시 위를 쳐다보고 행여나 우리 때문에 제비 부부가 놀라서 갈까봐 제비집에서 멀리 떨어진 마루로 자리를 옮겼다.

농촌마을의 집 구조가 생활하기 편하게 모두 현대식으로 바뀌어졌다. 전형적인 한옥은 어쩌다 한두 채 있지만 대부분 마루에 창문을 달았고, 부엌은 도시형 주방으로 꾸며졌다. 마루에 앉아서 빨랫줄이나 전깃줄에 앉아있는 제비를 보며 도란도란 이야기 꽃피우던 그 옛날 풍경은 찾아보기 힘들다. 그러니 제비를 구경하기기 어려워졌다. 제비가 집을 지을 처마가 없어졌고, 집을 지을 재료를 구하기도 힘들어졌기 때문이다.

옛날 시골에 사람들이 많이 살 때는 주로 벼와 보리농사를 지었다.

크고 좋은 기와집이든 작고 초라한 초가집이든 가릴 것 없이 새 중에서 유일하게 사람이 사는 집 처마의 안과 밖에 집을 짓고 봄부터 가을까지 함께 살던 새가 가족 같은 제비였다. 모내기를 하려고 논에 물을 대고 논두렁에서 물이 빠지지 않도록 흙을 북돋아놓으면 까만 제비들이 왔다갔다 부산을 떨며 흙을 물어다가 그것도 활엽수의 가느다란 나뭇잎의 보강재를 섞어서 집이 완성될 때까지 부부가 교대로 집을 지었다.

여름날 해 질 무렵, 마루에 두레상을 놓고 온 가족이 앉아 칼국수나 수제비를 먹을 때 처마의 아기 제비의 똥이 떨어지던 일도 있었다. 어느 집이나 제비가 미워서는 아니지만 마루에 떨어지는 배설물 때문에 어떤 어른들은 어렵게 지은 제비집을 부숴버리기도 했었다. 그러면 제비 부부는 집을 새로 지으려 안간힘을 다하기도 했었다.

마음이 너그러운 사람들은 제비도 보호하고 피해도 막으려고 집 밑에 책받침을 받쳐주어 제비 가족과 한 해를 잘 보내기도 했었다. 제비는 어떻게 자기가 살 집을 선택했을까? 봄이 되면 여러 마리 제비들이 집 처마 주변을 왔다 갔다 야단법석을 떨며 탐색하고 다닌다. 마음에 차지 않은지 어느 해는 아예 둥지를 틀지 않을 때도 있었다. 한 부부가 자리를 잡으면 선의의 경쟁으로 다른 부부는 다른 집을 찾았으리라. 우리는 박 씨를 물어다준 흥부네 제비를 연상하고 길조吉鳥로 생각하는지도 모른다.

수년 전 아픈 기억도 있다. 이상기후현상으로 아주 무덥던 여름날, 우리 집 처마 제비집에서 첫 번에 키웠던 새끼제비 5형제는 잘 키워 날려 보내고, 두 번째 제비 가족이 탄생했는데 너무나 더워서인지 아니면 먹이를 못 구해서인지 다 키우지 못하고 불쌍한 일이 벌어져서 한동안 어머니와 나는 마음이 아팠었다.

정든 여섯 제비 가족들도 가을이 오면 또 강남으로 먼 길을 떠날 것이다. 내년에 다시 만날 것을 기약하며 작별의 선물로 동요 한 곡을 들려주고 싶다.

가을이라 가을바람 솔솔 불어오니
푸른 잎은 붉은 치마 갈아입고서
남쪽 나라 찾아가는 제비 불러 모아
봄이 오면 다시 오라 부탁하누나.

조금은 모자라야

교직 생활을 했던 많은 기간 중에 두 해 동안의 그 시절엔 나는 참 바보였나 보다. 사람들도 그렇게 생각했다고 말해주어 나중에야 알았으니 더욱 그러했다. 그러나 지금 생각하면 더 많은 학생들을 만나게 되어 오히려 복이었다고 여기게 되니 그때나 지금이나 내가 많이 순진 모자라기는 하는 모양이라 자탄해 본다. 그러나 진짜 모자라는 사람도 도처에서 많이 볼 수 있다. 아파트에 주차 공간이 있어도 자기만 편하겠다고 중앙이나 소방표지 위에 주차하는 사람도 있고 나도 남도 큰일 날지 모르는데 교차로에서 교통신호 무시하고 운전하는 어리석은 이도 많다. 또한 많이 먹었으면 적당한 운동으로 건강한 신체를 가꿔야 하는

데 게을러서 비만 때문에 고민하는 환자 아닌 환자도 있다.

특히 심각한 것은 미혼인 철부지 결혼 정령기의 선남선녀들이 너무 많다는 것이다. 욕심을 줄이고 서로 부족한 부분을 채워준다면 좋은 짝을 만나 오붓한 가정을 꾸미고 아들딸 낳아 잘살 수 있을 텐데 참으로 안타까운 일이다. 일부는 자유롭고 편안하게 간섭받지 않으며 살고 싶어서 결혼을 안 한다고도 한다니 마음이 짠해진다.

왜 내가 바보 같았는지 오래전으로 거슬러 올라가본다. 고향에서 오후 네 다섯 시쯤 출발하면 저녁 10시에나 도착하는 아주 먼 중학교로 발령을 받게 되었다. 교장선생님은 욕심 많고 깐깐하기로 유명한 분이셨다. 전근 간 교사의 후임자를 물색하느라 10여 일을 넘기고야 나를 낙점 찍어 상부에 연락하여 그렇게 먼 곳까지 머무르게 한 것이다. 26인조의 브라스밴드가 운영되는 학교라 내가 적임자라 여겨서 그랬다고 했다.

당시에 교사들의 평균 수업시수는 주당 스물다섯 여섯 시간이었다. 기존에 있던 선생님들에게 과목별로 시간배당이 다 된 후라 10여 일 늦게 부임한 나는 맡기는 대로 하는 수밖에 없었다. 내 과목의 특성상 전교 17학급 학생들을 다 가르쳐야 하니 일주일에 29시간에 특별활동까지 30시간이었다. 거기에서 끝난 게 아니고 국어과 선생님들이 다수 있었음에도 의견이 안 맞았는지 1학년 한문 세 시간을 내게 배분되어 있었다.

그 덕에 일주일에 33시간이 배정되어 한 주 내내 한 시간도 쉴 수 있는 공백이 없게 된 것이다. 그래서 나는 모자라는 사람이 되었단다.

3학년의 반편성은 남자는 60명씩 세 학급인데 여자는 두 학급이라도 한 반에 75명씩이나 되었다. 총 학생 수가 천 명이 넘었으니 아주 까마득한 시절이다. 오늘날은 학급당 법정 정원이 30명 정도이니 말이다.

출근하여 수업하고 방과 후에는 매일 합창반을 지도하며 저녁에는 밴드부와 밤늦게까지 강당에서 보내는 것이 일상화되었다. 그런 활동은 내가 좋아서 하는 것이어서 후회는 없었다. 내 개인시간은 거의 없었으나 지금 생각해도 어떻게 그렇게 어려움을 감수하였는지 꿈만 같아진다. 아마도 나를 좋아하는 아이들이 보내주는 자발적인 노력의 눈망울이 있어서 가능했을 것이다. 다른 선생님들은 퇴근 후엔 자기 생활이 있었지만 나와는 다른 세상이었다. 가정을 떠나 하숙하는 생활이라 가능했다고 본다.

요즈음은 학교에 방과 후 다양한 교육활동이 이루어지고 있다. 교내외 강사들에게는 시간당 적지 않은 수당이 지급된다. 그 시절에 내가 겪었던 시간을 지금 계산해보면 아마도 경제적으로 큰 혜택이 있었으리라 생각하니 마음속으로 웃음이 나온다. 오늘날 학교현장에는 교사에게는 수당을 지급하고 학생들에게는 공짜로 가르쳐 주려 해도 가르치려는 교사와 배우려는 학생이 많지 않은 현실이다. 오래전의 학교환경은 아이들의 숫자가 많아도 교권과 학생의 인권이 적절히 조화를 이루어졌기에 가능했으리라 여긴다.

세상이 아무리 변해도 변하지 않은 것은 은연중에 자리 잡고 있는 사람의 작은 이기적인 마음이 내재되어 있음을 알 수 있다. 우리가 사는 어느 곳이나 특히 한정된 집단구성원이 머무는 데는 좋은 것은 많이 가지려고 하는 마음과 싫은 것은 더 적게 가지려는 생각이 일어나기 마련이다. 그것이 다 작은 욕심에서 비롯되어 나온다고 생각할 때 남을 배려하는 마음이 순간적으로 없어지고 이기적인 생각이 자리하기 때문이다.

가정과 학교에서 직장과 사회의 조직 문화 속에서 흔히 볼 수 있는 내가 남보다 편하고 행복감을 누리려고 하는 크고 작은 잘못된 마음에서 비롯되는 갈등과 다툼이 있는 것이 아닐까? 좋고 편한 것은 내가 덜 갖고 나쁘고 어려운 것은 내가 조금 더 감당하려는 마음이 서로에게 있을 때 나의 행복과 우리의 행복이 하나라는 것을 깨달았으면 하는 마음이다. 집안, 학교, 직장에서도 한 사람이 힘든 일을 적게 하려 하면 분명히 다른 누군가가 더 고생을 하게 됨은 분명해진다.

예나 지금이나 어딘지 모자라는 것 같은 순수하고 착한 사람이 많이 있지만 그래도 그런 사람들이 있기에 편한 경우도 있다. 사방을 둘러보면 왜 그렇게 많은지 셈을 할 수가 없을 정도이다. 어느 직장에서나 새로 시작하는 초년생 직원에게 자기들이 어려웠던 일들을 부담시키는 일들이 반복된다면 그 조직은 발전이 더디게 마련이다. 진정한 마음으로 가르치고 조언하며 익숙해졌을 때 상부상조하는 배려의 마음이 필요한 것이다. 그래도 우리가 사는 세상에는 조금 모자라지만 한 계단씩 그것들을 성실히 채워가며 행복을 향해 살아가는 순하고 좋은 부류의 사람들이 많이 있어서 다행이다.

지금도 내가 부족한 게 많다는 생각이 든다. 이것도 허술하고 저것도 미숙하고 성격이든 능력이든 사람마다 단점이 다 있기 마련이라고 위안을 해본다. 이런 모자란 부분들을 도와주고 감싸주는 주변사람들이 있고 같이 맞춰가면서 잘 지내고 있는 것이다.

너무 완벽해지려고 애쓰지 말고 나의 부족함을 다른 사람이 채워주어 가면서 잘살고 있듯이 조금씩 부족함들을 채워가는 것이 우리들의 삶인 것 같은 생각이다.

좋은 아버지

피어 보지도 못한 채 하늘나라로 간 아이가 있었다. 가짜 같은 아버지가 천진난만한 어린 아들을 무관심과 학대로 세상 사람들의 마음을 슬프게 한 가슴 아픈 사연이었기 때문이다. 10여 년 전에 접했던 외국의 훌륭한 양아버지의 기사와 엊그제 신문에서 읽었던 또 하나의 국내에서 있었던 나쁜 양아버지 이야기가 떠올라 마음을 아프고 슬프게 했다.

미국 인디애나 대학의 힉스라는 교수에게 친 아들 두 명이 있었는데 아내가 더 이상 아이를 낳을 수 없게 되었다. 그는 '나의 법은 사랑, 입양은 실천!'이라는 신념으로 십수 년 동안 생후 6개월 된 아이부터 13세 된 청소년까지 한국인의 아이들만 열 명을 입양하였다. 모두 연필

한 다스 같은 열두 명을 진정 어린 사랑으로 키워내며 모두 대학을 졸업시키고 변호사를 비롯해서 다양한 직업인으로 바르게 성장시켰다는 이야기이다.

사람들의 물음에 그는 이렇게 말하였다. "아이들 덕분에 많은 은혜를 받았고 어느 것과도 바꿀 수 없는 소중한 사랑을 나누며 살게 되었습니다." 한 명도 키우기 어렵다고 아우성인데 이렇게 많은 아이들을 훌륭하게 길러내는 데 얼마나 힘들었을지 짐작이 간다. 서로의 희망과 사랑의 결합으로 이루어낸 흐뭇한 '힉스 부부'의 인간미에 거룩하다고 칭찬을 보내고 싶다.

우리 주위에도 혼신의 힘을 다하여 열심히 생활하는 훌륭한 아버지들이 많이 있다. 그러기에 우리의 미래가 밝아지고 있지만 서구의 문화를 책임도 지지 못하며 잘못된 의식으로 무분별하게 받아들이는 것이 문제이다. 그 같은 일부 사람들 때문에 상상을 초월하는 일이 많이 발생하여 더욱 안타깝다. 또 한 명의 프랑스인 양아버지의 말이 내게 감동을 주었다.

입양된 일곱 살배기 아들에게 그는 '너의 뿌리인 한국을 잊지 말라며 한국어를 배우라'고 한 말이다. 아들은 그 말을 듣고 또 다시 한국으로 보내질까 두려워서 처음에는 거절했다고 회상했다. 현재 그 주인공인 한국계 입양아 출신 장뱅상 플라세 프랑스 국가 개혁 장관은 오십여 년 전에 서울에서 출생하였다. 그 뒤 보육원에서 생활하다 일곱 살 때 프랑스의 한 가정에 입양되어 4남매와 함께 자랐다. 아버지의 가르침이 밑거름이 되어 성공한 플라세 장관은 이렇게 말하였다.

"제게 야망이 없었다면 대부분의 입양아들처럼 힘든 청소년기를 보냈을 것입니다. 비록 버림받은 흙 수저로 태어났지만 꿈을 잃지 않았기 때문에 장관직까지 오를 수 있었습니다. 나를 따뜻하게 받아준 부모님과 형제 자매, 그리고 프랑스를 열렬히 사랑했고 넉 달 만에 프랑스어를 할 수 있었다."라고……. 두 이야기를 접하면서 한편으로는 부끄럽고 또 부러워하면서 우리가 너무나 느리게 선진국의 정신적인 문화의식을 향해 따라가는 것이 아닌가 하는 현실에 대한 아쉬움을 느낀다.

입양한 아이들을 친 자녀와 차별하지 않고 배려와 사랑으로 함께 생활하며 바람직한 인간으로 길러낸 '진짜 아버지' 같은 두 분이 참으로 존경스럽다.

우리의 주변을 냉정히 돌아볼 때 아이가 없는 가정에서 한 아이를 입양해서 정성껏 양육하고 있다고 하면 주위에서 어떻게 말할 수 있을지 생각해 본다. 친인척은 물론 다른 사람들이 칭찬은 하지 못할망정 나쁜 말로 평온한 가정에 풍파를 일으키지 않을까 염려된다. 그런 일을 허물이 아니고 삶의 올바른 방향으로 좋게 바라보는 사회로 발전되었으면 하는 나의 바람이다.

우리의 자녀에 대한 문화도 낳은 정과 기른 정이 함께 사랑으로 어울려졌으면 좋겠고 그런 사람들을 모두에게 뜨겁게 칭찬하고 힘찬 박수를 쳐 줬으면 한다. 오랫동안 자신도 모르게 토착화된 이기적인 정신이 깊게 자리 잡고 있다고 할 수 있다. 그러기에 콩쥐팥쥐 같은 동화가 수많은 세월 동안 읽혔어도 친아들 딸이라는 굴레에서 벗어나지 못하고 있는 것이다.

선진국 사람들이 인종과 피부를 가리지 않고 버려진 아이를 입양하여 훌륭한 인재로 키워낸 것을 보고 깊은 감동을 받을 수 있었다. 자녀가 두 명, 네 명이 있어도 정신적이나 경제적으로 윤택한 마음이 있어 버려진 아이를 받아들이는 그 사람들이 부럽다. 그런 아버지는 될 수 없다고 하더라도 가족, 학교, 사회, 국가의 공동체구성원들이 어린 새싹들에 대한 관심이 커졌으면 좋겠다. 내 자식도 잘 기르고 남의 자식에게도 큰 관심과 사랑으로 안아주었으면 하는 욕심이 지나칠까? 하고 의문을 던져본다.

아버지의 무지함으로 먼저 하늘나라로 간 철부지 일곱 살 어린아이야! 하늘나라에서는 좋은 부모만나 희망과 꿈을 이루며 활짝 웃고 살았으면 한다. 피워 보지도 못하고 가버린 너에게 모두가 죄인 같단다. 오늘도 희망과 꿈을 먹고 사는 천진 난만한 아이들에게 사랑이 가득한 '진짜 아버지'가 아니 '좋은 아버지'가 많이 있는 세상이 되었으면 하고 소망해 본다.

유혹의 거미줄에 갇힌 곤충

가을이 시작되는 첫날, 백여 리 떨어진 고향집으로 배추 모종을 하기 위해 아내와 같이 아침부터 서둘러 출발했다. 악몽을 꾸면서 잠을 설쳤다고 말하니 매사 조심해야 한다고 말해줘서 고마운 생각이 들었다. 대문에 들어서며 수년 전 어머니께서 살아계실 때는 온 집안에 잡초 하나 없이 말끔했던 터전을 떠올리니 왠지 미안한 마음이 들었다.

우선 잠가놓은 수도 계량기를 풀고 일을 시작하려니 사방 곳곳에 무성하게 사리 잡은 풀들 때문에 엄두가 나지 않았다. 풀부터 뽑고 옥수숫대를 하나둘씩 제거하려니 땀으로 목욕을 했다. 아내는 집안 정리와 청소를 하며 부산스러웠고 모싯대를 베어와 잎을 따고 아로니아 열매도 담아 오는 등 정신없이 바빠 보였다.

나는 괭이, 삽, 낫을 들고 무와 배추 모를 심을 두둑을 만들어 비닐을 씌우는데 힘들어 끙끙대다 연신 얼굴의 땀을 닦아내곤 하였다. 새로 구입한 예초기로 감나무 주위를 정리한 후 서둘러 일을 마무리하게 되었다. 점심때가 한참 지났지만 제대로 씻지도 못 하고 아파트에 가서 정리를 하려고 시골집을 나섰다. 이것저것 챙겨서 나오다가 뒤를 돌아보니 땀은 많이 흘렸지만 고생한 보람이 있어 마음 한구석이 홀가분했다.

그곳에 다녀올 때마다 새로 개설된 4차선 국도를 지나 빨리 돌아오곤 하였는데 그날따라 시내에 볼일이 있어서 2차선의 옛날 국도를 경유하게 되었다. 2km쯤 떨어진 고개를 지나 천천히 내려가는데 조수석의 아내가 "어, 잠깐만, 돈이 날아다니네? 멈춰 봐요!"라고 해서 급히 차를 한쪽에 정지시켰더니 내려가서 부산하게 주워서 타는 것을 보고 난생처음 겪는 일이라 뭐가 뭔지 어이가 없었다.

여러 가지의 지폐가 섞인 액수가 쌀 한 가마 값은 되는 것 같아서 이 돈을 어떻게 해야 할까? 주인도 찾을 수 없고 시내의 누나 집에 잠시 들른 후 바로 신고를 하자고 했다. 길 위에 떨어져 있었으니 그냥 가도 괜찮을 거라고 한 번 더 생각해보자고 아내가 말하였다. 아마도 순간적 유혹에 마음의 갈등이 생긴 것 같았다. 안 하던 일을 많이 한 탓으로 많이 피곤해서 정신이 없었지만 내 뜻대로 강하게 결정하지 못하고 함께 온 게 나중 생각하니 내 큰 실수였다. 지친 몸으로 한 시간여를 운전하고 오면서도 머리에는 온통 '그냥 오는 게 아닌데…….' 하는 마음뿐이었다.

도착하기 전 가까운 목욕탕에 들러 씻고 온다고 하여 내려주고 집에 와서 짐을 풀고 생각해 보았다. 소심한 성격에다 내 양심에 용서가 안 되어 도저히 참을 수가 없이 힘들어지고 죄책감이 커졌다. 짧은 시간이었지만 꼭 지옥에서 살아가고 있는 것처럼 무섭고 불안해서 견딜 수가 없었다. 갑자기 시골에서 나고 자란 어린 시절도 떠오르고 어느 시골 사람의 피와 땀으로 만들어 낸 돈이 아닐까 상상하니 더욱더 마음이 아팠다.

갈등이 최고조에 다다라서 마음을 차분히 가다듬고 아내에게 전화를 걸어 내 생각을 전하니 자기도 그렇게 하기로 마음먹었다고 바로 온다고 했다. 그 얘기를 듣는 순간, 얼마나 날아갈 듯 기쁜 마음이 드는지 참으로 고맙고 다행스러워 안도의 숨을 쉬었다.

서둘러 인근 파출소에 전화로 연락을 하였다. 한 시간 반전에 일어났던 사건 이야기를 자초지종 말을 하니 파출소 직원이 친절한 말씨로 "아! 예, 그러세요. 감사합니다."라고 하며 조심히 운전해서 오라고까지 격려를 해주었다."예, 잘 알았습니다."라고 대답하고 전화를 끊었다. 두 시간여 동안의 불안하고 불편한 마음으로 지옥 같았던 걱정과 초조함들이 사르르 녹는 것 같아 후련한 기분이 들었다.

이제는 마음을 비웠으니 한결 편해진 마음으로 배고픔도 잊은 채 왔던 길을 서둘러 되짚어 가기 시작했다. 한 시간도 채 안 걸려서 도착하니 경찰관 셋이 한가로이 근무하고 있었다. 조금 전에 전화했던 사람이라고 말하니 반가운 얼굴로 맞이해주어 나는 옆 의자에 앉아 기다리고 아내는 내밀어주는 서류를 놓고 얘기하며 주웠던 지폐를 건네주게 되었다.

시간이 경과해서 미안한 마음이 들어서인지 묻지도 않았는데 아내가 "저는 길에 있는 돈은 주워도 괜찮은 줄 알았어요. 바로 신고하지 못하고 남편한테 꾸중 듣다가 이렇게 조금 늦었어요!"라고 엉뚱한 말을 하였다. 말이 끝나기가 무섭게 "예? 사모님! 그러면 큰일 나요, 바로 신고하지 않고 나중에 알게 되면 '점유물이탈 횡령죄'로 벌금을 물고 처벌도 받게 된답니다."그 말을 들으며 주변 사람들의 입가에 작은 미소가 번져나가는 것을 보았다.

신분증을 확인하고 여성경찰관이 상냥한 말투로 "주인이 나타나지 않으면 권리행사를 포기할 거예요?"라고 묻는 말에 처음에는 무슨 뜻인지 몰라 하다 우리는 약속이나 한 듯 동시에 "그렇지요, 우리 돈이 아닌데요. 당연하지요."라고 대답했더니 그분들도 비시시 웃는 표정을 짓고 있었다. 아내는 감사하다는 말을 듣고 서류에 사인을 해주었다. 일이 다 끝났다고 "안녕히 가세요." "안녕히 계세요."를 주고받은 후 둘이는 무겁게 느꼈던 마음의 짐을 떨쳐버리고 가벼운 발걸음으로 나오며 주변을 살펴보았다. 행여나 지폐를 잃어버리고 근심하는 주인이라도 있나 하고……. 오늘따라 가을을 시작하는 첫날 오후의 하늘이 더욱 높고 맑아 보이는 듯 상쾌한 바람이 옷깃에 불어와 땀을 식혀주는 듯했다. 빠른 시일 안에 소중한 돈을 진짜주인이 찾아와서 가져갈 수 있기를 바라는 마음이 간절했다. 왠지 후련하면서도 어디선가 울상을 짓고 있을 사람을 생각하니 또 걱정이 되었다.

다시 운전석과 조수석에 앉아서 백여 리를 가기 위해 규정 속도

시속 80km로 유지하며 달려갔다. 난생처음 보았던 길 위의 지폐는 또 다시 보이지 않았고 둘이 살던 둥지에 편안한 마음으로 돌아왔다. 하찮은 유혹이 내미는 마음의 갈등을 떨쳐버리니 작은 거미줄에 갇혀 있다 벗어난 두 마리 곤충 같은 느낌이 들었다.

2부 사방팔방 선생님

복례의 미소

하얀 두루마기에 상투 꽂은 늙으신 아버지의 막내 딸 '복례의 미소'는 멀리 퍼진다. 지금도 고마움에 얽힌 소리들은 밝은 눈동자와 마주치다 힘을 얻은 사람들이 "의사 선생님! 정말 감사합니다."라고 멀리까지 메아리쳐진다. "참! 그 아버지께서 이름 한번 잘 지었구나! 하고 오래된 기억을 더듬어 돌이켜보니, 그 집 앞 넓은 냇가에서 펄쩍펄쩍 뛰놀던 메기들이 생각난다.

그 시절엔 밤에 숙직하다가 용인 아저씨와 함께 플래시를 켜고 콘크리트로 만들어진 물막이 밑에서 순식간에 뛰어오르던 메기들을 쪽대로 많이 잡았다. 커다란 수대에 담아온 고기들이 매운탕이 되어 여름밤을 신나게 했던 기억이 생생하다.

작은 체구에 올빼미마냥 눈이 반짝이는 여자아이가 있었다. 온 가족의 귀여움 속에 포동포동한 예쁜 얼굴로 가방 메고 다니지만 영 말이 없어 다른 머슴아들의 관심과 인기도 없었다. 그러나 착하고 공부 하나는 잘해서 장학생 선발을 위한 그룹에 속해 방과 후에 담당 선생님과 매일 공부를 하게 된다.

나는 선발된 열여섯 명의 남녀 학생들과 함께 어느 때는 밤을 세워가며 함께 공부를 했다. 여학생은 숙직실 방에 재우고 남학생들은 교실에서 재우기도 했다. 모기가 많은 여름날엔 병마개를 못으로 구멍을 뚫고 '호마끼'약을 한참이나 입으로 불어대고 나면 내 머리가 빙 도는 듯했다.

수년이 지난 후 복례는 여고생이 되어 인근 중학교의 음악교사로 있던 내게 연락이 왔다. "선생님, 체육 대회 때 응원을 하려고 하니 큰북과 심벌즈 등을 빌려줄 수 있으세요?"라는 전화가 와서 쾌히 들어주었다.

그 뒤로는 수십 년 동안 연락이 뚝 끊어졌는데 최근에야 사람 됨됨이가 잘 된 탓인지 바르게 성공한 것을 복례의 언니를 통해 우연히 알았다.

중학교 1학년 때의 같은 친구끼리 사랑의 결실을 맺게 되었다고 하여 대견하다고 생각되었다.

남녀가 부부 되어 가정을 이루고 사는 것은 수많은 사람 중에서 유일하게 선택된 것이라 여긴다. 그 아이는 면소재지 중학교의 학생이 되어 다른 초등학교에서 온 같은 학년의 남학생과 경쟁하는 사이가 되었다. 도중에 남자아이는 서울로 전학을 가고 각자 학업에 열중하였단다.

훗날 남자아이는 서울에서 의사의 길을 가게 되고 여자아이는 경기도에서 생물과목 교사로서 아이들을 가르치고 있었다.

어렸을 때 서로 끌렸던 뜨거운 마음과 가까이 살게 되어 또 다시 깊은 인연이 되었다.

젊은이들이 우선적으로 꼽는 미모도 뛰어나지 않았지만 둘이는 부부가 되고 아내를 교직에서 떠나 다시 의과대학에 진학을 하게끔 도와주어 부부의사로서 인술을 펴고 있다. 지극한 내조로 남편을 전문의로 만드는 데 심혈을 기울여 B지역에서 큰 요양병원을 운영하고 아내는 시골 K지역에서 환자들을 돌본다고 했다.

서로 부족한 점 채워주며 배려하고 살아가는 것이 참사랑이라 생각된다.

들리는 소문에 경상도의 시골이지만 힘없고 연로하신 많은 분들에게 따뜻한 미소로 희망과 용기를 주고 있다고 한다. 세월의 무상함을 새삼 느끼며 그 아이의 집 근처 옥같이 맑은 시냇물에서 봤던 힘찬 메기도 생각나고 순진하게 살짝 웃던 오목눈의 빛나던 눈빛이 아련하다.

1점에 울고 웃고

오래전, 어느 중학교 입학시험에 두 배 이상의 응시자가 모였으니 경쟁은 치열했다. 더구나 그 학교는 각 초등학교의 우등생들만 지원해야 합격이 가능한 시절이라 초조하기는 말할 수 없었다.

한 친구는 어릴 적부터 소아마비로 한쪽 다리가 불편했으나 다른 면에서는 누구에게도 뒤지지 않고 총명했다.

당시에는 장애학생에 대한 배려가 없었기 때문에 체육과목의 시험에 같은 조건으로 임해야 했으니 얼마나 마음이 아팠을지 짐작이 간다.

네 가지 종류의 체력검정에 각각 5점씩 배정되어 목표기준을 통과해서 모두 20점을 얻어야 만점이 된다. 그 학생은 다리 대신 팔의 힘이 좋아서 던지기 턱걸이는 아주 탁월했지만 달리기와 멀리뛰기는 무리여서 기본점수만 획득할 수 있었다.

그해 시험에 낙방하고 다시 6학년을 다니면서 필기과목에 노력한 결과 다음해에 합격하여 1년 늦게 학교를 다니게 된 것을 보았다. 아마도 체력시험에서 못 딴 점수를 다른 과목에 더 노력하여 1점씩을 보태어서 합격을 했을 것이다. 몸이 건강해서 한 점만 더 얻었어도 한 해의 쓰라린 고생은 안 했을 터인데라고 생각해본다.

어느 시험에나 실패한 것은 매 한 가지 '1점 차이'라고 해야 위안이 되고 또 희망을 가지고 재도전을 하는 의지가 생길 것이다.

요즈음에는 평가의 형태도 다양하게 변해서 학부모와 학생들이 여간 머리를 쓰지 않으면 낭패를 보기 일쑤이다. 수행평가에다 자기소개서도 있고 면접관 앞에서의 정해진 질문에 적절히 답을 해야 하니 어느 것에서 몇 점이 왔다 갔다 하는지 분간이 안 된다.

그러나 결국은 경쟁자들 사이에서 어떤 결과로든 점수는 기록되어 판가름이 되게 마련이니 '1점 차이'에 웃고 우는 장면이 나타나는 것을 막을 자가 없게 된다.

얼마 전 아주 어렵다고 할 수 있는 입학시험의 면접에서 금수저와 흙수저의 차이로 합격의 당락이 좌우된다는 논란 속에 지필점수를 높이고 면접비율을 낮춘다는 보도를 본 적이 있다.

어쩌면 그것도 다행이라고 여기지만 앞을 내다보는 자세로 정의롭고 공정한 시험과 평가가 이루어져서 선의의 경쟁에 따른 결과가 있었으면 하는 기대와 바람이다.

매년 이맘때쯤이면 수십만 명의 수능응시자들이 머리를 싸매고 갈고 닦은 실력을 가늠하기 위해 피땀을 흘리곤 한다. 결과에 따라 한 점차이로 어느 대학에 원서를 낼 수 있기도 하고 없기도 하여 희비가 엇갈리는 현상을 많이 볼 수 있는 게 현실이다.

그러나 사람들은 가까운 곳에만 눈이 맞춰지고 먼 곳은 볼 줄 몰라서 낭패를 당하는 경우가 종종 있다.

불현듯 같은 이웃에 살기 때문에 자주 만나 얘기했던 어느 한 분이 또 생각난다. 친근하게 지내는 지인의 딸은 자기 아이보다 어려서부터 성적이 많이 앞서 볼 때마다 자랑을 하곤 해서 부러움 속에 속상해하며 지냈단다.

또한 초등학교선생님이 될 수 있는 대학에 들어갔다고 하니 더 기가 죽을 수밖에 없어서 수능시험성적이 낮게 나온 자기 딸을 걱정하며 한숨을 쉬었다.

그러면서 가정형편도 넉넉지 않은데 등록금이 비싼 사립대학교 ○○교육과를 할 수 없이 진학했다고 울상을 지었다. 다행인 것은 딸아이가 선택한 학과가 어릴 적부터 아주 좋아하고 자기 적성에 맞는 과목이라 즐거이 잘 다닌다고 위안을 가지며 기뻐하였다. 특이한 것은 다른 대다수 학생들은 그 과목이 가장 어렵다고 힘들어 하며 포기하기도 하는 이유이기도 했다.

그러기에 나는 위로의 말로 "아이고 참 잘하셨어요, 커가는 젊은 사람은 장래가 어찌 될지 아무도 몰라요, 걱정 마세요. 본인이 좋아하는 과목이니 틀림없이 나중에 훌륭한 ○○선생님이 되어 엄마를 기쁘게 할 것입니다."라고 하니 매우 흐뭇해하는 얼굴이 되었다.

그 뒤 나를 볼 때마다 왠지 반가워하고 묻지도 안 해도 딸아이가 내 얘기를 듣고 매우 열심히 공부한다고 하여 덩달아 나도 기분이 좋았다.

수년이 지난 뒤 다른 곳으로 이사를 가서 만나지 못 하다 우연히 보게 되니 부끄러움도 없이 손을 덥석 잡으며 "선생님, 감사합니다."를 연발했다. 내가 해준 것도 없는데 오직 희망을 가지고 노력하라고만 했는데…….

항상 기죽어서 힘들어 하던 그분이 거꾸로 성적이 낮다고 걱정했던 자기 딸이 임용고시에 합격하여 경기도의 큰 도시에서 교사로 근무하며 결혼도 하여 잘 살고 있다고 자랑을 하였다. 덧붙여서 성적이 더 좋았던 딸의 친구는 전주에서 멀리 있는 시골의 작은 학교에서 근무한다고 하며, 엄마가 반찬을 비롯해서 여러 가지로 뒷바라지 하느라 여간 고생이 심하지 않다고 딸을 둔 같은 엄마로서 걱정스런 이야기도 해주었다. 엄마들이 키워낸 야무지고 당찬 두 선생님은 엄마의 사랑을 새기며 훌륭한 교육자가 되었으면 하는 바람이다.

1점 차이 점수의 실패와 성공의 갈림길이 아닌 다양한 방향으로 가고 있는 바람직한 변화의 물결에 울지 말고 웃으며 사는 희망의 앞길을 기대어 본다.

길잡이

어느덧 오십을 바라보는 그 옛날 아홉 살배기 소녀가 이따금씩 소식을 전해주곤 해서 참 기분이 상쾌했다. 생에 두 번째 학교에서 근무할 때의 추억이 생각난다. 엊그제는 필리핀에 살고 있는 그 제자로부터 오랜만에 반가운 톡 편지가 와서 나를 더 젊게 해주는 기분이 들어 좋았다.

그립고 감사드리고 싶은 선생님께

아홉 살에 선생님이 가르쳐주신 이 노래 "산-에 산-에 진달래꽃 피-었습니다."를 처음 배워서 부르고 성악을 전공하게 된 제자 진숙입니다. 진달래꽃이 피는 봄부터 스승의 날까지 저는 늘 어린 시절 저를 교실에 남겨두고 직접 피아노 반주로 가르쳐 주시던 선생님을 늘 추억합니다.

제가 교사가 되어보니 수많은 잡무와 담임업무들 때문에 학생을 따로 남긴다는 것이 참 어렵고 일부러 시간을 내야만 가능하다는 것을 알게 됐고 그래서 더욱 감사한 마음을 느끼게 됐어요. 정작 그런 은혜를 입은 저는 바쁘다는 핑계로 소질이 있어 보이는 학생을 남겨서 연습을 시키지도 못하니 말입니다.

〈진달래꽃〉 가사를 칠판에 쓰시고, "이 노래 아는 사람 손 들어봐!" 하셔서 저는 반가운 마음에 손을 번쩍 들었는데 저 혼자만 들었고 이내, 선생님께서는 저를 앞으로 부르시고 반주를 해주셨는데 제가 처음 피아노 반주에 맞춰 노래 부르니 박자가 다 틀렸던 기억이 납니다. 그래도 칭찬해주시고 저를 매일같이 남으라 하시고 새로운 노래를 가르쳐 주셨어요. 그 초등 2학년, 딱 1년간 담임선생님으로 만나게 되어 저는 선생님처럼 노래와 음악을 무척 사랑하게 되었고 어디서나 자신 있는 사람으로 자랄 수 있었습니다.

저희 부모님도 늘 감사하다고 말씀을 하셨습니다. 선생님께서는 노래뿐만 아니라 열정과 사랑으로 제자들을 대하셨습니다. 제가 어렸음에도 기억이 생생합니다. 선생님의 시골 댁에 저를 데리고 가 주셨는데 직접 닭을 잡아서 끓여주신 기억이 납니다. 한 해 동안 담임을 하시면서 저를 많이 가르쳐주신 덕분에 새로 오시는 음악 선생님들마다 맨 처음 저를 찾아오셔서 꼭 합창부를 해 달라고 하셨고 저는 계속해서 노래를 부르며 자랄 수 있었어요.

지금은 제가 근무하는 학교를 옮겨서 연주활동을 못하고 있지만 저는 선생님 덕분에 음악인으로 살아온 시간에 언제나 감사합니다. 선생님을 통해 배운 음악으로 인해 저는 세상을 긍정적이고 열정적이며 아름답게 바라보고 성장하고 성숙할 수 있었습니다.

저도 선생님처럼 한 학생의 삶에 햇볕을 깃들이게 하는 그런 좋은, 따뜻한 선생님이 되고 싶어요.

지금은 시로 승격되었지만 그 당시엔 한 학년 여덟 학급으로 읍내의 대규모 초등학교였다. 산 아래에 별장처럼 새로 지은 이층으로 된 학교건물이 있었다. 별도의 음악실이 없던 터라 담임을 맡았던 아래층 중간에 있는 자연 경관이 빼어난 그 교실이 활용되고 있었다. 음악을 담당하는 교사는 당연히 그 학급을 맡게 되었고 방과 후엔 그곳에서 활동을 하였다.

새 봄을 맞이한 신학기에 모든 게 새로워지는 마음으로 부산하고 바쁠 때였다. 새 학년이 되어 합창부 단원을 4학년에서 몇 명 더 뽑아서 활동을 시작하려니 다른 선생님들과 달리 담임을 둘 맡는 셈이 되는 것이다. 그때부터 나의 올빼미와 다람쥐 같은 하루생활은 시작되어 정신을 차리기가 힘들게 되었다. 당시에는 한 해에 두 번 정도 시·군 합창 경연대회가 있고 거기에서 일등을 해야 도 대회에 참가할 수 있었다.

아침 이른 시간에 J시의 버스터미널에서 직행버스에 몸을 싣고 한 시간쯤 지나서 근무지인 터미널에 내려 맡겨둔 자전거를 타고 출근을 했다. 아침 여덟 시라서 직원들 출근과 학생들이 등교를 거의 하지 않은 시간이라 한산한 분위기였다.

도착하여 강당 문을 열고 들어가면 무대 위에는 오십여 명의 귀여운 사오륙학년 합창부 아이들이 기다리다 반가운 인사를 했다. 선발된 단원으로 활동한다는 자부심과 긍지를 자랑 삼아 다른 아이들보다 부지런히 등교를 하지만 마냥 즐거워했다. 지금 생각하니 반주를 위해 일찍 강당으로 출근하셨던 여선생님과 공부할 것을 전날 적어 놓았지만 교실에 그냥 아이들만 남겨 두었던 것이 마음에 걸려 짠하다.

발성연습을 시작으로 목소리를 다듬어보고 여러 가지 동요를 부르며 교정 주변 산새들의 잠을 깨우기도 했다. 정해진 지정곡과 자유곡을 파트별로 연습을 반복하고 다시 합창으로 이어지지만 날마다 달랐다. 어느 때는 잘하고 또 언제는 아쉬움이 많고…….

그러던 어느 날 2학년답지 않게 4학년 정도로 키가 큰 두 아이가 오전수업이 끝나고 하교를 하였는데 집으로 가지 않고 교실에 남아서 서성거리고 있었다. "진숙이하고 은영이는 왜 집에 안 가고 있니?" "예! 그냥 선생님과 같이 있고 싶어서요."라고 합창하듯 말을 했다. "그래 잘됐다. 그럼 내가 하는 일 좀 도와주겠니?" 하며 여러 가지를 함께 얘기하며 시간을 보내게 되었다.

그러다가 순간적으로 내 머릿속에서 한 가지가 떠올랐다. 나도 모를 일이다. 어찌 그런 생각을 했을까. 훗날 순간적인 생각이 한 아이의 평생 길잡이가 될 줄이야. "얘들아, 그러면 너희들 노래한번 불러보고 들어보자."라고 한 후 피아노 앞에서 테스트를 해보니 진숙이는 고운 음색에 성량도 풍부하고 노래에 타고난 재능이 있다는 것을 바로 느꼈는데 은영이는 조금 달랐다. 그런 후 부모님과 상의해서 학년을 초월해 둘을 합창부에 들어오게 하여 함께 교실도 정리하고 노래도 부르면서 즐거운 날을 보내게 되었다.

학교에서 십여 리가 떨어진 고개 넘어 시골마을에 칠순이 지난 아버지와 육십 대 초반의 어머니, 아내와 세 살배기 딸, 돌이 안 된 아들이 살았다. 그러나 평일에는 도시에서 저녁에 공부를 해야 하니 가까워도 주말에만 갈 수 있었다. 어느 봄날 토요일에 날마다 방과 후에 남아서 함께 노래 부르던 두 아이랑 시골집에 함께 갔다. 어린 우리 애들과 깔깔대며 천진스럽게 놀며 하룻밤을 보냈던 기억이 새롭다.

정신없이 한 해를 보낸 후 나는 새싹들의 곱고 맑은 소리들을 뒤로하고 아쉬운 작별을 해야 했다. 그곳에서 멀리 떨어져 있는 지역의 읍내 J중학교로 자리를 옮기게 되었기 때문이다. 계절이 수십 번 바뀌고 철부지 그 아이가 엄마도 되고 선생님이 되어 음악을 사랑하며 열심히 살아간단다. 오래오래 제자들에게 나보다 더 좋은, 훌륭한 길잡이가 되어주기를 바라는 마음이다.

내게서 빛날 때에는

새 학기에 전교 학생들과 친밀감도 두텁게 하고 한 해를 바르게 시작해주었으면 하는 바람으로 계획된 시간표에 맞춰 몇 해 동안 학급을 순회하며 특강을 했던 기억이 난다. 훈화 자료와 노래 악보를 준비하여 특이한 수업을 시도하였다. 어느 해의 학년 학급이었는지는 분명하지 않으나 많은 학급 중에 그 시간 수업이 유독 진지했던 것 같다. 네가 내게서 빛나기를 바라는 마음으로 4절로 된 봄을 상징한 가사의 유절가곡을 즐거운 마음으로 함께 불렀다는 것이다.

오랫동안 놓았던 수업을 하려니 왠지 긴장되고 어색한 마음이 들었으나 약속된 것이라 실행에 옮겼다. 출석부와 자료를 가지고 교실 문을 들어서니 예고가 돼 있어서 30여 명의 남녀 학생들이 의아함 속에 기대에 찬 눈망울을 보이며 반갑게 맞이했다. 큰 소리로 인사하며 박수를 쳐주는 사춘기의 청소년들이 희망차 보여 흐뭇한 마음이 들며 안심되었다.

일주일 내내 일정하게 반복되던 수업과 달리 나이도 제일 많은 관리자인 내가 진행하니 학생들은 어떤 마음이었을까……. 한 가지 분명한 것은 시간을 헛되지 않기 위해 교사 시절로 돌아간 듯 열정을 다해서 수업 시간을 이끌려고 노력했다는 것이다. 친근하기 위해 먼저 이렇게 함께한 이유와 이 시간에 못한 과목의 공부를 나중에 꼭 보충하라는 부탁을 했다. 최근에 학생들이 잘 부르는 노래와 교가도 함께 불러보며 어색한 마음을 편하게 이끌어 갔다.

나눠 준 훈화 내용을 설명하고 노래의 가사가 주는 의미를 이야기하였더니 침착하게 귀를 기울여서 기분이 좋고 수업할 용기가 더 났다. 파란 칠판에 평소 익숙하지 않은 물 백묵으로 위에 〈동무생각〉 '사우思友'를 쓰고 중앙왼쪽에 봄春,여름夏, 가을秋, 겨울冬을 정자체로 쓴 뒤, 중앙 오른쪽에는 You와 I(Me) - 당신과 나(너와 나)를 적고 설명을 하였다. 상대는 가족들 구성원도 되고 내가 아닌 이 세상 모든 사람도 해당되며 심지어 자연만물도 될 수 있다고 얘기해주었다.

벗을 생각한다고 풀이했던 '사우思友'는 서로 돕고 살다 보면 남녀노소가 따로 있고 위아래가 따로 있으랴! 모든 사람과 사물이 마음의 벗이 될 수 있다고 말했다. 그런 다음 다시 칠판 중앙에 〈동무 생각〉 노래 가사의 핵심이 되는 부분을 적었다. 청라언덕과 같은 내 맘에 백합,

저녁조수와 같은 내 맘에 흰 새, 꽃 진 연당과 같은 내 맘에 금 새, 밤의 장안과 같은 내 맘에 가등 같은 내 동무야!

네 문장들은 모두 친구나 내가 아닌 이 세상 모든 사람들이 얼마나 소중하고 귀한 것인지를 말할 수 있다고 얘기했다. 한 예로 어두운 밤의 장안에 오가는 사람들의 길을 밝혀주는 가로등(가등) 같은 사람(친구, 동료, 선배, 후배, 스승, 이웃사람) 등…….

노래의 가사 내용을 풀어 설명을 다시 해주고 조용히 1절부터 2절까지 천천히 불러주었더니 아이들이 이곳저곳에서 하나둘 따라 부르기에 순간 놀라웠다. 3절부터는 반주도 없이 스스로 잘 부르기 시작했다. 4절부터는 모두 함께 부르게 되는 것을 보고 나 자신도 신기하다고 생각했다. 아마도 노랫말의 뜻을 알고, 리듬이 거의 일정하게 반복되며 중간에 박자가 바뀌는 것에 재미있고 감정이 통한 듯 여겨졌다. 각 절의 끝부분에서는 더욱 신이 나서 큰 소리로 부르니 분위기가 고조되었다.

"네가 내게서 피어날 적에, 떠돌 때에는, 뛰놀 때에는, 빛날 때에는 모든 슬픔이 사라진다."라고 표현된 문구들이 학생들의 마음에 와 닿았으리라 여겨졌다. 이 세상 모든 사람들이 네가 있으므로 항상 기쁨의 울타리 안에서 살아가는 행복을 느꼈으면 하는 바람이다. 노래의 가사를 다시 한 번 생각해보면 지금 돌이켜봐도 남을 배려하는 마음을 심어주는데 어울리게 곡 선택을 참 잘한 것 같았다. 오늘도 나는 그 학생들의 남을 위해 배려하는 알찬 삶의 힘으로 온 세상이 슬픔 대신 기쁨의 꽃이 피고 빛나기를 소망해 본다.

사방팔방 선생님

강산도 세 번이나 변했을 적의 따뜻한 봄날에 부푼 꿈을 안고 중학생이 되었지만 맨날 한쪽구석에서 울고 있던 아이가 있었다.

정욱이는 고아원에서 생활하는 아이였는데 조금 왜소했지만 착한 심성을 가진 귀여운 모습으로 나를 따랐다. 그 시절 스물네 학급 규모의 학교 형편상 1학년 여덟 학급 중에서 두 학급을 전공이 아닌 상치과목으로 내가 미술을 가르치게 되었다. 일주일에 두 시간씩 배정되어서 같은 요일에 3~4교시로 묶어서 시간표를 만들 수 있도록 수업계 선생님께 부탁하여 운영하니 참 좋았다. 왜냐하면 그렇게 해야 그리기, 만들기, 조각하기, 꾸미기 등을 연속적으로 진행하는 수업이 효과적이기 때문이다.

하루는 학교 옆 공원에 올라가 풍경화를 그리기 위해 예고한 대로 2교시가 끝나고 쉬는 시간에 운동장에 모이게 하고 출발하기 전 준비물을 확인하는데 그 아이에게 스케치북이 없었다. 이유를 물어보니 대답하기도 전에 눈가에 이슬이 맺힌 것을 볼 수 있어 마음이 짠했다.

"형아가 빼앗아 갔어요! 그리고 그것을 다른 아이들에게 팔아서 용돈으로 썼어요!"라고 하는 자세한 말을 듣는 순간 나는 잠시 슬프고 마음 아픈 생각이 들었다. 그것뿐만이 아니고 그곳에서 학년 초에 규칙적으로 나눠주는 여러 가지 학용품을 크고 힘센 선배 아이가 빼앗는 경우가 종종 있다는 것이다. 그런 일이 지속적으로 이어져 온다니 얼마나 가슴 아픈 일인가? 그 시절 시설에서는 필요한 학용품은 적절히 지원해주지만 무엇인가 사먹을 수 있는 용돈을 주기엔 어려운 형편이었기 때문이다.

부모님의 따뜻한 사랑도 받지 못 하는 친 형제 같은 가족끼리 그럴 수가 있을까? 하는 안타까운 마음에 학생들을 산으로 먼저 보내고 발을 멈췄다. 교문 앞 문구점을 들려 스케치북을 사고 표지 앞쪽에 크고 선명하게 학생의 이름을 써주었다. 그러면서 "정욱아! 또 형아 들이 빼앗아가려 하면 ○○○선생님이 사주시고 이름까지 써주셨다고 얘기하면 잘 해결될 거야!"라고 말하니 그 녀석 표정이 밝게 변했다. 함께 뒤처져 걸어가며 용기를 심어주는 이런저런 이야기를 해주니 그저 좋다고 의기양양했다.

이따금씩 점심 도시락까지 준비해 가는 미술시간을 학생들은 산으로 올라가 전망 좋은 데서 공부도 하고 소풍도 하는 기분이라 모두들 매우 신나고 좋아했다. 같은 학년에 미술선생님이 또 있었지만 나이도 많고 몸도 조금 불편하셔서 나처럼 하시지 않으셨다. 돌이켜보니 철없는 다른 반 아이들이 우리도 밖에 나가서 그림 그려요! 하고 귀찮게 했을까 하는 마음에 많이 도와주신 그 선생님께 늦었지만 송구스런 마음이 든다.

그 당시엔 지금처럼 이혼율이 적어서 결손가정도 드물어 한 학교에 애육원 학생 수가 많지 않기 때문에 자주 모아놓고 꾸중과 타이름을 섞어가며 감싸주기가 쉬웠다. 그런 일로 인해서 선생님들과 시설 관계자도 그 아이들을 더욱 관심과 사랑으로 감싸주는 교육도 하게 되어서 큰 보람이 되었다. 또한 내 과목이 자기들을 즐겁게 해주고 잘 대해줄 수 있는 특성이 있어서인지 그 뒤론 학용품문제는 발생하지 않았다. 정욱이의 그림공책은 한 장 두 장씩 예쁜 모습으로 채워져 가는 기쁨도 생겨나게 되었다.

선생님이라는 말을 곰곰이 기억해 보며 내게 붙여졌던 40여 년 전 때와 그보다 한참 오래전은 또 어떠했을까 하는 생각들이 내 머리를 혼란스럽게 한다. 학생과 얽히고설킨 수많은 사연들을 어찌 다 글로 나열할 수 있을까 하고 회상해본다.

중학생이 담배 피웠다고 혼내면서 선생님도 아직 안 피우고 못 피우는데 이린 놈이 이럴 수 있느냐고 호통 치며 빗자루로 체벌도 했었다. 지금 같으면 어찌 가능하겠는가 하고 후회도 해본다. 더구나 네가 한 행동도 잘못이지만 그보다 더 큰 것은 책과 학용품을 산다고 부모님께 거짓말 한 것이라고 무섭게 다그쳤었다. 한편으로는 부모님이 성장하는 나이에 흡연을 하는 것을 안다면 얼마나 마음 아프겠느냐며 타이르기도 했다. 후배를 때리고 금품을 갈취하고 도둑질과 강도짓을 하면 평생 어둠 속에서 살게 된다고 혼쭐내던 기억도 많이 난다. 최초의 선생님은 태어나서 처음 만나 걸음마부터 가르쳐주시는 가정의 부모님이라는 것은 부정할 수 없다.

오래전에는 한 마을에 서당을 차려놓고 가르치는 훈장이 선생님이고 또한 학교라는 태두리 안에서 학생을 가르치는 사람만이 선생님으로 불리었다. 다른 곳에서는 선생님이라고 부르는 것을 듣기 힘들었다. 각자의 직업에 맞게 호칭이 있었기 때문이다. 유치원에서부터 고등학교를 졸업할 때까지 애써 교육하는 분을 '스승은 마음의 어버이'라는 의미로 그렇게 호칭하였다.

성인이 다 된 학생을 가르치는 대학에서는 교수라고 부르지만 통상적으로 동료끼리는 요즈음 편한 대로 서로 'ㅇ 선생'이라고 부르는 게 유행이 되어 있는 것 같다. 지금은 학교에 근무하는 사람은 모두 선생님이라고 불러준다. 왜냐하면 구성원 모두가 유기적으로 서로 도우며 어른들로서 학생들을 함께 지도하고 교육하기 때문이다. 간호원은 간호사 조리원도 조리사라고 하는 게 잘못된 게 아니다. 그러나 걱정이 되는 것은 어쩌다 선생님이라는 말이 사방팔방으로 흔하게 남발되어져 진짜 선생님을 찾기가 힘들어진 것이다. 그런 호칭에 맞게 어린 아이부터 청소년과 후배들을 바른길로 이끌어주는 참 스승이 되어야 한다는 것이다. 학교에만 돌아다니던 그 이름이 식당, 상가, 회사는 물론 온갖 도처에서 남발되어 불리고 있다. 선생님이 너무나 흔하다고 할 수 있지 않을까?

시대가 많이 변해서 요즈음 큰 잘못을 저지른 학생과 부모는 호되게 꾸중하는 선생님을 폭력교사라 신고도 한다며 으름장을 내미는 현실에 안타까움을 느낀다. 어쩌다 하굣길에 여학생들의 모습을 보니 립스틱을 너무 짙게 바르고 스커트 길이가 지나치게 짧은 경우가 많아서 의아했다.

수년 전만 해도 그러지 않았는데 변해도 너무나 빨리 변하는 것 같아 걱정이 된다. 이젠 그런 것도 교육의 범주에서 벗어나 당연한 것이 될까 걱정이 되니 머리가 어지러워지는 것 같다. 큰 희망과 꿈을 가지고 청소년을 시작하는 정욱이가 눈물을 닦고 활기차게 학교생활을 할 수 있게 되었듯이 기성세대 모두 이름으로만 선생님이 아니었으면 좋겠다.

옛날에는 사람됨의 근본을 부모와 스승으로부터 배우고 본받게 하는 교육이었기에 사람됨의 품성을 바르게 가질 수 있도록 가르쳐야 하는 것이 참교육이고 참 스승이라 생각했었다.

지금과는 많이 다르다. 이미 붙여지고 불리는 사방팔방 선생님들께서 내 자식이라 생각하고 적절한 꾸지람과 칭찬으로 지도하였으면 한다.

그 아이가 성장하여 훗날 잘나가는 중국집의 주인이 되어 우연히 나를 만나 힘차게 "선생님! 안녕하셨습니까?"라고 인사하던 목소리가 새삼 또 들리는 듯하여 잠시 내게 기쁨을 준다.

무거운 헬멧을 쓰고 오토바이에 몸을 싣고 부지런히 살아가는 정욱이가 대견하다. 부모 없이 힘들게 살았던 그 아이의 눈물이 아른거린다. 그런 눈물을 닦아줄 훌륭한 선생님을 사방팔방에서 만나고 싶다.

시원한 메리야스

지금은 아스팔트로 포장된 2차선으로 온갖 차들이 요란스럽게 달리고 있지만 30여 년 전 내가 출퇴근하던 그 길은 좁다란 외길이었다. 양쪽으로 소나무 숲이 우거진 십 리나 되는 산길이었으니 아침저녁으로 가다 보면 이따금씩 토끼도 뛰어가고 꿩도 날아가는 풍경을 볼 수 있어, 순간 잡고 싶다는 충동이 일기도 했다.

거리는 얼마 안 되어도 자연의 장벽이 있어 토끼와 발맞추며 산다고 직원들이 농담으로 우스갯소리를 하곤 했던 기억이 난다. 자전거로 다니지만 반절은 거의 오르막길이라 끌고 올라가야 하고 반대로 퇴근 때도 반은 그렇게 해야 했다. 너무 늦어 이따금씩 택시를 타고 간 다음

날은 1시간을 걸어서 같은 마을에서 다니는 아이들과 얘기하며 즐거운 마음으로 출근을 하였다.

싱그럽고 푸르른 5월! 내가 근무하는 중학교에서 춘계체육대회가 열렸다. 1년 전부터 근무했던 봄, 만날 긴 바지와 긴소매의 남색 운동복을 입고 체육시간을 보내며 운동하는 것을 보면서 항상 아쉬운 생각을 했다.

삼십여 년 전 전 당시 3학년 4반을 담임하고 있으면서 춘계 체육대회가 열리기 며칠 전 종례시간에 갑자기 머리를 스치는 것이 있어서 즉흥적으로 아이들에게 얘기했다. “얘들아, 우리 반은 하얀 반바지의 양쪽에 빨간 줄을 대고 흰 메리야스 앞에 3의 4라고 글씨를 새겨서 입으면 어떻겠니?”라고……. 그랬더니 평소 무덥고 거추장스럽게 여겨왔던 마음이 해방될 것 같아서인지 모두들 좋아서 어쩔 줄 모르고 “그렇게 해요!”라고 기뻐했다.

나는 그때 깜짝쇼를 할 겸 “우리 반만 알고 있자.”라고 암시를 주며 말 했는데 그 뒤 실장을 중심으로 회의를 하고 결정하여 돈을 걷어서 준비를 하였다. 인근 메리야스 가게에 부탁하여 대회 전 날 모두에게 나눠주기로 했다.

당시에 담임인 나는 42인조의 브라스밴드를 지도하고 있는 상황이라 학급을 챙기고 돌볼 여유가 없었다.

한 학급 60명씩에 24학급의 학교다 보니 1,400명이 넘는 학생들이 뒤뜰에 모여 운동장으로 한 학급씩 브라스밴드의 힘찬 행진곡에 맞춰 입장하게 되었다. 그 시절에는 넓은 운동장 앞 양쪽에는 선생님들이

서 있고 지휘대에는 교장선생님이 한 학급씩 입장하며 거수경례와 함께 단결이라는 구호에 답을 하고 학급별로 정해진 자리로 정렬하게 돼 있었다.

음악교사인 나의 지도 아래 악장이 지휘봉으로 지휘를 하며 밴드부 학생들이 멋있는 제복에 닭털 꽂은 모자를 쓰고 행진곡을 연주하며 선두로 입장하며 연주를 하고 정면의 자리에 서서 계속 행진곡을 연주하였다.

한 학급씩 입장하는 것을 보며 전 학급이 모두 커다란 운동장에 다 모일 때까지 힘차게 연주했다. 1학년과 2학년 열여섯 학급의 입장이 순서대로 끝나고 3학년 3반까지 모두 연중 입어왔던 청색 긴 바지와 긴소매의 운동복으로 입장을 하였는데 이게 웬일인가? 3-4라고 적힌 깃발을 앞세우고 60명의 학생들이 빨간 줄의 띠로 치장된 흰 반바지에 거기다가 3-4라는 파랗고 큰 글씨가 가슴에 찍힌 시원한 메리야스를 입고 들어오고 있으니 말이다.

입장하기 전 뒤뜰에서부터 예견된 일이지만 막상 그런 현상을 공개적으로 보게 되니 이곳저곳에서 웃음과 놀라움이 부러움으로 변하는 것을 느낄 수 있었다.

뒤를 이어 여전히 우중충하고 무더운 운동복을 입고 네 학급이 더 들어온 후 개막식이 시작되었다.

우리 반이 입장할 때 잠깐 보니 교장선생님의 안색이 여간 불편하지 않은 것을 볼 수 있었고 모든 선생님들은 그냥 멍하니 놀란 듯 웃고 있었다. 권위의식이 유난히 강한 교장선생님께서 길게 훈화를 하니 모두 다 지루하고 힘들어하는 모습이 여기저기서 한숨으로 변하다가 끝나고 드디어 각종 경기가 열리게 되었다.

한참 있다 나를 불러서 갔더니 교장선생님께서 크게 노한 얼굴로 유 선생! "미리 상의하지 않고 마음대로 그렇게 하면 어떻게 해!"라고 화를 내며 분을 못 참고 나무랐다. 아이들이 시원하게 옷을 입으면 더 좋아하고 운동하기도 편할 것 같아서 그랬다고 사실대로 대답했는데 더욱 분을 못 삭였다. 무거운 발걸음이었지만 기다리는 아이들을 향하여 힘차게 달려가서 온 종일 함께 목이 터져라 응원하며 아이들이 뛰면 마음으로라도 나도 뛰고 넘어지면 같이 넘어지며 신나게 경기에 참여했다.

그때 좋은 생각이라고 칭찬을 해 주었으면 그 분의 기억이 지금까지도 고마운 마음으로 남아 있을 텐데 아직도 좋은 것이 남아있는 게 하나도 없어서 안타깝다. 장황한 꾸중을 듣고 와서 다 잊어버리고 아이들과 함께 이틀 동안 신나게 이곳저곳 깃발을 날리며 활동하니 마음이 안정되었다. 유별난 옷차림을 하고 옆의 학교 운동장까지 빌려서 개최하다 보니 이동할 때마다 질서정연함이 돋보이고 사기도 충천하여 평소보다 더 좋은 실력을 학생들이 발휘하는 것 같았다.

그렇게 합심 단결하여 참여한 결과 종합우승에 응원 상까지 차지한 우리 반 학생들은 짧은 날이었지만 보람과 행복감을 마음껏 누릴 수 있어서 즐거웠다. 그 뒤 가을 체육대회 때부터는 누구의 지시도 없이 모든 학급의 학생들이 가지가지 특색 있는 운동복을 준비하여 학급의 명예를 위하여 멀리 높게 날으며 신나는 날들을 꾸며가는 것을 보고 나는 빙그레 웃을 수 있어 좋았다.

열여섯 살이던 제자들이 내년이면 어언 삼십 년이 지나 중년의 늠름한 남자들로서 각처에서 잘 지내고 있으리라 생각된다. 미래의 방향을 바른 길로 이끌어가는 신뢰 받는 리더로서 청소년 시절의 즐거움이 큰 밑거름이 되기를 기대해 본다. 그때 그 시절을 떠올리며 시원한 메리야스와 반바지를 입고 환호성을 지르던 그 함성이 온 누리에 퍼져갔으면 하는 바람을 너희들에게 띄우고 싶은 마음이다.

저도 운전해요

얼마나 긴 날들을 기다리며 이 말을 하고 싶었을까? 지난 늦가을, 오랫동안 소식을 나누지 않은 사람에게서 전화가 왔다. 받아보니 기쁨에 넘치는 목소리가 내 귓전을 울렸다. "선생님, 저도 운전해요." 자신감 넘치는 기운이 나에게까지 전해져 기분이 참 좋았다. 교단에 처음 들어서서 가르쳤던 제자들은 오십대 후반쯤 되는데 몇 년 전 특별한 학교에서 반 년 동안 함께했던 나이 많은 제자들 중 한 명이었다.

학력인정학교인 N초·중·고교가 우리 지역에 있어 제때 학교를 다니지 못한 사람들이 공부를 할 수 있는 좋은 기회를 얻게 되었다. 일 년 동안 방학이 없는 탓에 초등학교는 4년, 중·고교는 각각 2년이면 졸업을 하게 되는 정규학교 형태였다. 초등교사 자리가 하나 비었다는 연락을 받고 그 학교에 갔다. 퇴직하고 오랜만에 교단에 서기도 했지만 어린 학생들이 아닌 나이 많은 학생들 앞에 서니 낯설고 당황스러웠다. 동심으로 돌아가 열심히 배우려는 50대에서 80대까지의 여학생들이 모여 있었다. 무덥던 유월 중순 어느 날, 평균 연령 예순여덟인 그들과의 동행이 시작되었다. 밝은 눈빛들과 마주하니 나도 모르게 걱정이 앞섰다. 한 학년 25명씩 4학년까지의 과정으로 나는 2학년을 맡아 한글과 수학을 가르쳤는데 수준들이 달라서 꽤나 힘들었다. 옆 학년 선생님의 자문을 듣고 늦깎이 학생들이라 그러려니 하고 이해하며 하루하루 보내니 오히려 더욱 정이 들었다.

넓은 운동장은 크고 작은 고급승용차에서부터 트럭 및 오토바이 등 각종 교통수단의 전시장 같았다. 중·고교 학생들은 운전을 하고 다니기도 하고 연령대도 초등보다 더 젊었다. 우리 반 학생들은 나이도 많았지만 한글을 익히지 못해 운전면허를 갖고 있는 사람은 하나도 없었다. 통학버스와 지인들의 차를 이용해서 함께 통학을 했지만 그렇게도 하지 못하는 학생들은 어려움이 많았다.

그 해결책으로 버스가 가지 않는 시골의 나이 많은 초등학생들은 담임선생님이 친히 사는 곳까지 가서 태우고 와서 수업이 끝나면 데려다 주어야 했다. 위험 부담을 안고 있기도 했지만 힘에 겨웠다. 월요일에서 금요일까지 이른 시간에 운전하여 학생들이 살고 있는 시골마을에 들렀다. 학생 네 명을 태우고 가서 공부시키고 하교까지 책임을 지자니 피곤했다. 각자의 집에 데려다주고 오면 점심시간이 훌쩍 지나 내 생활의 하루 시간이 없어져버리는 것 같았다. 이래저래 그 일을 오래 할 수 없었다.

학생들과 함께했던 아기자기한 이야기를 다 기억할 수는 없다. 그래도 시대와 가정환경 탓에 공부를 하지 못한 눈물겨운 사연을 들을 땐 나도 콧등이 시려오곤 했다. 더구나 여자로 태어난 이유로 제때 못 배운 게 한이 되어 늦게나마 학구열에 불탔던 애처로운 모습들이 더욱 눈물겨웠다. 유난히도 더운 여름날 선풍기 몇 대가 돌아가는 열악한 교실이지만 앞뒤와 양쪽의 선풍기 소리에 위안을 삼을 수 있었다. 그래도 창밖의 파란 나뭇잎들이 골바람에 살랑거리고 여인들의 희망 섞인 웃음바람이 넘쳐 더위를 식혀주었다.

국어교과서의 단원별 문장을 쓰고 읽고 받아쓰기를 하며 점수를 주고 칭찬하곤 했다. 한 자라도 더 알고 싶어 하는 학생들의 의욕에 용기를 얻을 수 있었고 위안이 되었다. 함께 책 읽는 소리가 꼭 개구리 합창소리처럼 들려오는 듯 했다. 칠판에 적어놓은 문장들을 지운 뒤 불러주며 천천히 받아쓰기를 진행하는데 수준 차이가 많아서 어느 학생이 아직 다 쓰지 못했는지 확인하느라 난감할 수밖에 없었다. 오십대와 팔십대의 쓰는 속도가 다르다 보니 어찌할 것인가? 서로 이해하며 맞춰가는 수밖에……. 열 살 남짓 초등생 같은 마음의 학생들이 내가 지나가면 부끄러워 손으로 글씨를 가리면서 볼이 빨갛게 변하는 것을 보는 게 웃음이 나왔다.

동생과 친구처럼, 몇몇 분한테는 누나같이 대해주며 재미나는 이야기와 함께 지내다 보니 가을이 지나고 추운 겨울이 왔다. 교실과 복도는 물론이고 화장실 청소당번을 정해놓고 깨끗한 환경을 꾸미던 일도 생각난다. 가정에서 갖가지 간식거리를 가지고 와서 정겹게 나눠 먹던 모습들이 더욱 그리워지는 한 장면이 아스라이 떠오른다.

그중에서 가장 기억에 남는 것이 있다면 단연코 내가 하루 두 번씩 내 승용차에 태우고 다녔던 네 명의 학생들이니 서로의 미운 정 고운 정이 새록새록 들었다. 동승했던 육십 중반에 접어드는 딸 넷 아들 하나를 둔 한 학생이 똑똑하고 의지가 강해서 어느 날 한글을 다 익히고 나면 꼭 운전을 배우라고 권유했다. 부산에 사는 내 누님께서도 칠십이 넘지만 운전을 하게 되니 아주 편하다고 하시더라고 얘기도 해주었더니 순간 눈빛이 달라지는 것을 볼 수 있었다. "예, 공부 열심히 해서 저도 운전면허를 취득해 선생님을 모시고 드라이브도 할게요!"라고 하며 수줍은 듯 자신 있게 말해서 꼭 그렇게 하라고 격려를 해주었다.

너무 오랜만에 교단에 서서 목이 터져라 열정을 다한 탓이었을까? 아니면 평생 동안 목을 아끼지 않고 직업적으로 노래를 너무 많이 불러서인지 말을 많이 하면 목이 자주 쉬고 아팠다. 그 후 크고 작은 이비인후과를 여러 군데 방문해보고 최종적으로 성대에 작은 물혹이 있어서 그렇다는 것을 알았다. 대학병원에서 다음해 1월 중순으로 수술 날짜를 잡아놓게 되니 어쩔 수 없이 학교를 그만두기로 결심하였다. 학생들에게는 그것을 숨겨왔기에 헤어지는 날 모두들 깜짝 놀랐다. 그해의 마지막 날 눈물 흘리며 꼭 철부지 같은 제자들과 아쉬운 작별을 해야 했다.

그리고 한 해 반이 훌쩍 지나가던 지난 가을 날 나보다 세 살 아래인 야무진 행숙이 학생의 전화가 왔다. "선생님! 저도 운전해요!" "어?

드디어 면허를 땄네요! 축하해요, 고생 많이 했어요."라고 말을 하고 마음속으로 박수를 쳐주며 기뻐해주니 먼 곳에서 들리는 음성과 함께 환하게 웃는 당당한 모습이 보이는 것 같았다.

그 학생은 십여 년 전부터 그 학교를 다니고 싶었지만 주위 사람들의 이목이 두려워 망설였다고 했다. 늙은 나이에 무슨 학교를 다니느냐고 비웃을까봐 고민했지만 자녀들의 적극적인 요구를 받아들였단다. 예순 후반에 초등학생으로써 스스로 운전을 할 수 있게 되니 참 대견한 일이다. 직접 운전하며 보는 사계절의 강산은 얼마나 곱고 예쁘게 보일까? 무사고 운전을 하기 바라면서 늦게라도 공부를 한다는 용기를 갖고 사는 나이 든 제제들을 다시 한 번 칭찬을 하련다.

홍하의 골짜기

미국민요 〈홍하의 골짜기〉라는 노래의 곡에 맞춰서 여가시간에 아이들과 포크댄스를 하곤 하였다. 또 하루를 시작할 때면 그 곡이 흥겹고 좋아 가사를 지어 붙여서 "선생님 오늘도 웃으세요. 웃으면 복 온다 했으니 날마다 우리와 웃고 웃어 즐거운 한 해를 보내요."라고 즐겁게 노래를 불렀었다. 지금은 어언 오십 중반을 넘어섰을 열세 살 소녀들의 기억이 새롭다. 이십대의 젊은 교사시절 수년간 해맑은 아이들과 생활했던 한 토막의 추억이다.

어느 해 5월부터 두 달간 도청소재지 J시의 대학교에서 연수를 받았다. 그 기간 동안 하숙을 하고 교육을 받으면서 연수가 끝난 오후에 여유가 조금 있어서 산책을 하게 되었다. 가까이 있는 규모가 큰 K학교에 가보았다. 교문을 들어서며 두리번거리는데 어느 2층 교실에서 풍금 소리에 맞춰 여학생들이 부르는 귀에 익은 노랫소리가 들려오고 있었다.

평소 음악을 좋아해서인지 나도 모르게 발길이 그곳으로 향하게 되었다. 마침 6학년 학급표찰이 붙은 교실 문 앞에 다다라서 안을 들여다보니 여자 아이들 넷이 밝고 맑은 표정으로 한 아이가 풍금을 치고 반주에 맞춰 함께 노래를 부르는 것이 아닌가! 출입문을 스르르 열고 들어서니 웬일인가? 하고 모두들 나를 보고 부르던 노래를 잠시 멈췄다.

뚜벅뚜벅 가까이 가서 웃는 표정을 지으며 "얘들아! 미안해, 선생님은 어디 가셨니?" "예, 교무실에요." "응, 사실은 나도 J군에 있는 시골학교에서 너희들과 똑같은 애들을 가르치다가 연수 때문에 이곳에 왔어. 너희들을 보니 우리 반 아이들이 보고 싶구나!" 그렇게 말하니 "아, 그러세요." 하며 모두들 금세 나를 선생님으로 맞이하며 반겨주어서 정말 다행이었다. 아마도 스물일곱 젊은 모습의 말끔한 양복차림이어서 믿음이 갔으리라 생각되었다.

"그럼, 나도 음악을 좋아하는데 함께 노래 불러 봐도 될까?"라고 하니 웬걸 누구랄 것도 없이 저절로 박수를 치고 깔깔대며 한 마음이 되었다. 펼쳐진 음악책의 처음부터 배우지 않은 곡까지 내가 풍금을 치면서 즐거운 오후시간을 아이들과 함께 보냈다. 정겨운 동요가 교정에 멀리멀리 울려 퍼져가니 복도에는 각 교실에 남아있던 아이들이 하나 둘 모여들어 그 광경을 보고 의아해 하는 표정들이었다.

곧 오시리라 생각되었던 담임선생님은 보이지 않고 시간이 흘러서 나오려니 왠지 아쉬움이 남았다. 짧은 만남의 시간이었지만 어쩐지 보이지 않는 작별의 서운함이 맴돌았다. 이름들은 다 물어봐서 알고 있는 터라 갑자기 좋은 생각이 떠올라서 이렇게 말했다.

“얘들아, 우리 반에도 착하고 공부 열심히 하는 아이들이 있는데 혹 서로 친구 사귀어보지 않을래?” 그랬더니 “좋아요, 그렇게 할게요.” 하고 합창 하듯이 말했다. 학교와 학년 반 이름들을 가르쳐주고 하나씩 무작위로 짝을 맺어주었다.

집집마다 잘벼슬 높은 곳에서 아침이면 ‘내가 최고다!’라고 큰소리 치는 수탉이 머물고 냇가에는 메기 떼가 노니는 농촌과 네온사인 반짝이는 큰 도시의 아이들이 편지로 우정을 나누게 되었다. 연수가 끝나고 근무지로 돌아가 다시 하루를 시작하며 그 노래를 부르면서 즐거운 나날이 이어갔다.

지역 환경이 많이 다른 아이들과 친구를 맺어 편지를 주고받으며 좋아하던 그 얼굴들이 지금도 생생하다. 여름방학이 시작되어 편지와 사진만 주고받다가 몇 달 만에 큰 도시의 그 학교 정문 앞에서 만나기로 약속을 했다. 그곳 학교의 담임선생님께도 연락을 했기에 정해진 날이 꼬박꼬박 기다려졌다.

일찍이 집에서 자전거를 타고 한 시간을 가서야 학교에 도착하여 아이들을 만났다. 부모님들도 나와 있고 난생처음 큰 도시로 여행을 간다니 그것도 생면부지의 아이들을 친구 삼아 만나러 간다니 마음들이 들떠있었다. 걱정도 되고 기쁨도 있겠지만 나를 믿고 안심하는 표정이었다. 푼돈 모아 원피스에 스타킹과 어울리게 예쁜 운동화도 새로 신고 온 아이도 있었다.

잘 다녀오라고 버스를 향해 손을 흔들어대는 가족들을 뒤로하고 자갈길 비포장도로를 덜컹대며 여기저기 정차 후 시내를 한 바퀴 돌아 한 시간이 지나서 읍내 터미널에 도착했다. 이때부터는 내가 엄마와 아빠를 대신해야 했다. 직행버스를 타고 J시의 정류장에 도착하여 30여 분을 걸어 약속장소에 도착하니 선생님과 함께 기다리고 있어서 참 반가웠다.

나도 그 선생님을 처음 만났는데 오래전에 아는 사이인 것처럼 어색하지 않아 다행이었다. 만난 기념으로 교정의 느티나무 아래에서 아이들이랑 사진을 찍었던 게 지금도 앨범의 한 페이지에 간직되어 이따금 보곤 한다.

그 학교 선생님께서는 다른 일이 있어서 동행을 못 하고 내가 8명 아이들의 담임선생이 되어 노래 부르며 서로 손잡고 소풍 나들이를 하였다. 지금은 그 철길이 없어졌지만 길게 이어진 길을 따라 과학관도 가보고 동물원을 들른 후 공원 연못에서 연꽃들의 속삭임도 들을 수 있어 좋았다. 점심은 짜장면으로 해결하고 아이스케이크를 입에 물고 탐스런 복숭아 하나씩 손에 쥐여 주니 마냥 즐거워했다.

온종일 많이도 걸었는데 피곤한 기색도 없이 혜진이라는 아이 집에 도착하여 간식을 먹은 후 정다운 이야기를 하는 시간이 되었다. 잠시 집안 주변을 둘러보니 전통 기와집으로 부유한 듯 여겨졌다. 커다란 거실에서 그 집 아이가 피아노를 치고 모두들 둘러서서 또 노래를 불렀다. 밤이 되어 약속대로 맺어진 짝끼리 저녁을 각자 집으로 가서 먹고 하룻밤을 보내기로 했기에 서로 다정히 손을 잡고 '내일 다시 만나자!' 라고 하며 헤어졌다.

다음 날 날이 밝아 다시 모여서 가까운 몇 곳을 돌아보고 한벽루 아래의 맑은 물길을 본 후 오목대와 전동성당, 경기전을 구경하고 점심을 먹은 후 아쉬운 작별을 했다. 어떤 선물을 주고받았는지 모르지만 아마도 정이 듬뿍 담긴 마음의 선물이 오래도록 기억되었을 것이다. 우리가 무사히 학교에 도착하니 가족들이 나와 있었다. 그 아이들은 오랜 세월이 지났을 때까지 서로서로 따뜻하고 순수한 정을 주고받았다고 해서 내 마음도 흐뭇함을 느꼈다.

그 후로 강산이 네 번이나 변하고 또 몇 해가 지났으니……. 엊그제 그 시절 함께했던 내 반 급장이었던 아이가 "선생님, 저 쉰여섯이나 되었어요." 좋은 사람 만나 아들 둘 낳아 영어교사 그만두고 간호조무사 자격 따서 남편을 잘 돕고 산다고 했다. 옛날 열세 살 아이들은 사랑의 정을 간직하고 웃음 섞인 노래와 함께 즐거운 나날을 보내리라.

짜장면집이 있던 골목

5월이 되자 제자에게서 오랜만에 전화가 왔다. “선생님! 이달 20일에 골프 하실 수 있으세요?” 반가운 마음에 그러자 하고 함께 만났다. 그린피는 내가 지불한다고 해도 막무가내였다. 이번만은 나를 대접하겠다고 해서 편한 마음으로 자리를 같이했다. 식사를 하면서 우리는 옛날이야기를 하나 둘씩 하게 되었다. 내가 이렇게 좋은 기회를 마련해주어 고맙다고 하니 제자는 “아니에요! 40여 년 전에 선생님께서 저에게 짜장면을 사주셔서 잘 먹었던 일이 잊히지 않습니다.” 하는 것이었다. 그 말을 들어도 나는 통 기억이 나지 않았다. 만나면서부터 계속해서 어릴 적 추억을 털어놓았다.

오랜 교직생활을 하는 동안 어려운 가정환경에서 힘들게 살지만 열심히 노력하는 학생들에게 유난히 관심을 가졌다. 1972년 봄 처음 교사로 발령받은 곳이 면소재지의 25학급 초등학교여서 학생 수가 일천오백 명 정도가 되었다. 그때 4학년 남자 반을 담임으로 맡으며 이 제자와 인연이 되었다. 십여 년 전에는 졸업30주년 기념식에 초대해 우리의 마음을 흐뭇하게 해주기도 하였다. 이제는 같이 늙어가며 함께 대화를 하니 감회가 새로웠다.

처음 교단에 들어선 햇병아리 선생으로 개구쟁이 머슴아들을 가르치려니 꽤나 힘들었지만 보람도 있었다. 봄 · 가을에 가정방문을 해보니 공부를 잘하는데도 어렵게 사는 아이들이 많았다. 이 제자도 그중 하나였다. 나는 수업이 끝나도 남겨놓고 공부를 시키며 아이들과 함께 했다. 나는 까마득히 잊혀 전혀 생각이 안 나는데 제자는 엊그제 일처럼 말을 이어갔다.

중학교 입학하기 전 어느 겨울날 두 아이를 버스에 태우고 읍내로 갔다. 그리고 내가 평소에 다니던 시장 입구 짜장면집으로 데리고 가서 짜장면을 사주었다. 짜장면을 처음 먹어보는 아이들은 입가에 검정 칠을 하며 맛있게 먹었다. 그리고 극장에 데리고 가서 영화를 보여주고 함께 십리 길을 걸었다. 그날 밤 아이들과 내가 우리 집에서 하룻밤을 자고, 다음 날 같이 버스를 타고 멀리 떨어진 학교까지 갔다는데 나는 동화 속의 이야기를 듣는 듯 기억이 나지 않았다.

제자는 그 추억을 아직까지 소중하게 간직하고 있었다. 지금은 그곳에 짜장면집이 없다고 하며 입가에 미소를 지었다. 나도 오래전의 기억들이 하나둘 떠올라 젊은 날의 열정적인 새내기 선생님으로 되돌아가는 것 같았다. 그런저런 이야기를 들으면서 골프를 즐겁게 마무리하고 헤어져 집으로 돌아오는데 그때 기억이 새록새록 되살아났다.

짜장면집에 같이 간 제자들은 시골마을 방 두 개에 부엌 하나 딸린 삼간 집에 사는 아이들이었다. 초라하고 좁은 공간에서도 열두 살배기 아이의 눈은 빛났다. 한 아이는 늙고 병든 아버지와 함께 가난하게 살았고 다른 아이는 편모슬하에서 누나랑 어렵게 살았다. 그런데도 둘 다 선생님 말씀 잘 듣고 친구들과도 친하게 지내며 공부도 잘하니 내 눈에 들었으리라 생각된다. 지금은 둘 다 건실한 가장으로 바르게 생활하는 모습을 보니 흐뭇하다.

그때 시골 짜장면집에서 나눈 마음을 아이들이 오래 기억하고 있었다니 새삼 그곳에 다시 가보고 싶다. 맑은 눈을 가진 아이들이 있던 곳, 내 젊음이 있던 골목길을 돌아 낡은 짜장면집에 들어가고 싶다. 요즈음은 길을 가도 허술하고 아담한 짜장면집이 눈에 잘 띄지 않아서 서운하지만 그래도 이따금씩 도시 마을에 작은 중국음식 간판이 보여서 다행이다. 어두한 짜장면집에서 꽃피던 순박한 정이 그리운 시절이다.

달식이의 편지

'힘들어도 행복하다'고 하는 스마트 폰으로 보내온 편지 한 통이 내 마음을 너무 울컥하게 해서 마음이 아팠다. 좋은 가정에서 태어나 건강하게 자라고 성공하여 남부럽지 않게 생활하는 아이들도 많지만 그렇지 못한 경우도 있어서다. 현실을 보면 일부 사람들의 자녀에 대한 욕심이 어디까지인지 끝이 보이지 않는 대조적인 사례도 접하게 된다. 경제적인 면에서나 지위, 명예에 이르기까지 너무나 이기적인 부류의 사람도 많지만 진정한 마음으로 남을 사랑하고 배려하며 용서하는 사람들이 곁으로만 보이는 게 안타까운 일이다.

지난 9월 스마트 폰에 문자 편지가 세 번에 걸쳐서 왔다. 10여 년 전에 중학교 2학년이었던 남학생이 성장하여 세상 사람들과 더불어 지금은 아름다운 삶을 살아간다는 소식에 너무 고맙고 감사했다. 지금쯤 스물일곱 살 청년이 되어 내 마음에 크나큰 감동을 주는 이유는 무엇일까? 쉽게 그 답이 나오지 않는다. 왜냐하면 인간의 값어치를 어떻게 가늠해야 하는지 정의를 내릴 수 없기 때문이다.

조금 부족한 사람도 자기를 비웃으며 조롱하고 멸시하는 사람과 진정한 마음으로 다가와 따뜻한 미소와 관심을 가지고 사랑해주는 사람을 판단할 수는 있다. 용기가 없어서 내색을 못하기 때문에 반복적으로 그렇게 인식되는 것이다. 그 시기에 전주에서 차로 한 시간 거리의 60여km 떨어진 전교생 700여 명이 재학하는 중학교에 부임해서 근무하게 되었다.

어느 날부터인지 남학생 한 명이 일부러 사무실로 찾아와 매일 마주치며 천진스럽게 웃고 인사도 잘해서 유달리 가까워졌다. 얼굴도 잘생겼고 볼 때마다 밝은 표정이 내 마음에 들어 이름을 불러주며 반겨주곤 했으니 아마도 그 아이는 많이도 행복했었던지 더욱더 나에게 자주 가까이 접근해 오곤 했다.

며칠이 지난 후 환하게 웃으며 달식이가 들어왔다. "교장선생님!" 하면서 웃음띤 소박한 얼굴로 나를 바라보았다. 순간 "아! 네가 조금 부족한 면이 있구나!" 하는 생각이 머리를 스쳤다. 나중에 알고 보니 어려서부터 말을 잘 못해서 J시의 모 재활학교에 수년간 교육을 받은 후 지금처럼 말을 천천히 하게 되었다는 것을 알았다. 사람들한테서 제대로 인정을 받지 못하며 살아온 탓일까? 작은 것이지만 하루하루 마음으로 챙겨주며 관심과 칭찬을 해주니 신이 난 듯했다. 그러다 두 해가 훌쩍 지나 졸업을 하게 되어 달식이의 순진한 그 웃음을 매일 볼 수 없게 되었다.

학교생활을 할 때는 사물놀이반에서 꽹과리와 장구를 치며 신이 나서 어쩔 줄을 몰라 하는 광경을 보며 내가 찾아가 격려할 때는 더더욱 흥이 나서 열심히 하는 것을 보았다. 그 뒤 같은 도시의 실업계고교의 제빵학과에 진학하게 되었다. 그 학교에는 용케도 오래전 내가 가르쳤던 제자가 음악교사로 근무하는 것을 알게 되어 다행이었다. 그녀에게 달식이가 여러 가지로 부족하지만 마음이 깨끗하고 착한 아이라고 소개해주며 다른 학생들로부터의 따돌림을 방지해주면 좋겠다고 당부의 말을 해주었다.

남자아이들과 잘 못 어울리고 여학생들이 무시하고 희롱하며 힘들게 하지 않을까 걱정되니 관심을 가지고 챙겨주었으면 한다고 거듭 부탁했다. 왜냐하면 평소 같은 학년의 학생들과 일부 여학생들까지 재미 삼아 놀려대는 것을 종종 보았던 적이 있어서이다. 그런 뒤 학교를 잘 다니며 일찍 끝나는 시험기간과 행사가 있을 때면 단정한 교복차림으로 이따금씩 나를 찾아오곤 하여 따뜻이 맞이해주었다.

어느 때는 음료수 한 병을 들고 와서 나를 부르며 그저 좋아하는 모습을 보여주기도 하였다. 수년 후 J시로 전근해 왔는데 그 애는 내가 근무하는 동안 전화도 하고 문자 메시지도 보내주곤 해서 고맙게 생각했다. 답장을 잘해주는 사람이 많지 않아서일까? 시도 때도 없이 전화를 하기도 했지만 편하게 받아 주어서 아마도 좋았던 모양이다. 내가 있는 도시에 올 기회가 있으면 한 해에 몇 번씩 찾아와서 얘기도 하고 근처의 중국집에 함께 가곤했다. 달식이가 원하는 대로 짜장면과 탕수육 등을 사주기도 했는데 그때마다 신앙심이 깊은 착한 서빙 아주머니와 달식이는 교회 이야기를 많이 하는 것이었다.

주로 재활학교에 다녀오는 길이라고 말하는 것을 보면 분명 그 학교에 말을 가르쳐 주셨던 자기 자신을 이해하고 남다르게 사랑해주는 어느 좋은 분이 있는 것 같다는 생각이 들었다.

3년 전부터는 고교를 졸업하고 제과제빵과는 거리가 먼 다른 일을 한다고 자랑도 하며 서울에서 취직했다는 연락이 왔다. 고향에 내려올 일이 있어서 왔다며 찾아오곤 하다 한 번은 반쯤 먹다 만 피자를 정성스럽게 포장해서 가지고 왔다. 이게 어찌된 일이냐고 하니 누구랑 같이 먹다가 내가 생각나서 드리려고 가져왔다고 해서 고맙다 하고 말해주었다.

점심때가 한참 지났는데 "밥 사줄까?" 했더니 좋아서 말없이 고개를 끄덕끄덕하여 학교 옆 중국집에 데리고 가니 볶음밥을 먹겠다고 해 시켜주니 맛있게 먹는 모습이 지금도 눈에 선하다.

언제인가 전화로 어떻게 생활하느냐고 물어보니 다시 제과점에 취직했으나 그만두었고 서울의 코엑스 근처인가 롯데리아에서 청소도 하고 심부름도 한다고 했다. 보수는 어떻게 받느냐고 하니 90만 원을 받고 고시원에 30만 원을 주고 잠을 자면서 생활비에 조금 쓰고 식사는 교회에서 도움을 주어 해결한다고 했다. 보통사람 이상으로 신앙심이 두터움을 알 수 있었다. 그리고 남은 돈 30만 원은 시골 어머니께 보내

드린다고 해서 마음 한구석이 찡해왔다.

세상은 공평하다지만 영업점에서도 기본노동임금을 다 주지 못하는 이유도 있는 듯해서 마음이 짠했다. 며칠 전 또 물어보니 직장을 또 옮겨서 옷을 만드는 데서 일하는데 시급이 나중에는 오른다고 좋아했다. 군대는 면제받아서 다행이었다. 누구보다도 하라는 대로 성실하게 일하는 이 청년에게도 언젠가 흡족한 경제적인 보수가 지급되어 즐겁고 행복한 삶을 누리기를 간절히 바라는 마음이다.

왜냐하면 이 젊은이는 사장이 원하는 만큼이 아니라 바보스럽게 더 일해주면서 보수는 적게 받고 남들이 하기 싫은 일도 솔선수범하며 다른 사람이 짜증을 내도 웃음을 잃지 않기 때문이다.

주변사람들은 그를 자기와 다른 세계의 인간으로 여기며 동정과 사랑보다는 마음을 아프게 하는 경우가 있는데, 그 자신도 그것을 알고 있다고 하며 눈물을 글썽거렸다. 세상이 무섭고 겁이 나서일지도 모른다. 이따금씩 얘기할 때 많은 것을 교회의 주위사람들이 잘해주어서 걱정 없다고 하는 것을 보면 신앙의 힘이 큰 도움이 되니 참으로 다행이라 생각하며 위안을 가졌다.

그는 언제나 하느님을 생각하고 위안을 받고 의지하며 소박한 꿈과 희망을 가지고 열심히 남을 위해서 살아가는 천진스러운 마음의 가녀린 젊은이다. 앞으로 그에게는 영광과 축복의 서광이 비칠 날이 있으리라 확신한다. 세 번에 걸쳐 보내 준 달식이의 편지 속 기도문을 그대로 한 번 적어본다. 아마도 열심히 살아보려는 의지가 담긴 글을 보니 아무리 생각해도 그 아이는 어느 제자보다도 똑똑하고 훌륭한 자랑스러운 보배라 생각한다.

달식이의 꿈이 이루어져 이세상 어느곳에서든 많은 사람들과 사랑으로 더불어 살아가는 환하게 웃는 젊은 청년 달식이의 모습을 그려본다. 그리고 달식이는 언제나 꿋꿋한 마음을 실어 아름다운 편지를 누구에겐가 보내면서 위안을 삼고 떳떳하고 아름답게 살아가리라.

—달식이가 보내온 편지 속 기도문—

내게 주어진 하루를 감사합니다. 이 하루도 헛되이 보내지 않고 살기를 원합니다. 이런 은총 받을 만한 자격은 없지만 주의 인자하신 힘 입음으로 이 하루도 정직하게 하소서. 이 하루도 친절하게 하소서. 내가 만나는 모든 사람들에게 자비를 베풀게 하소서. 이 하루도 온유하게 하소서. 겸손하게 하소서. 나의 걸음을 지치게 만드는 이들에게 용서를 베풀게 하소서.(9. 17.)

즐거운 일이든 혹 슬픈 일이든 내게 또 하루를 허락하심을 감사드립니다. 비록 이 하루가 나를 울린다 해도 원망의 맘 품지 않을 이유는 나의 주님이 모든 일을 주관하셔서 선을 이루심이라. 이 하루도 평화롭게 하고, 나의 마음을 아프게 만드는 이들에게 은총을 베풀게 하소서. 행복을 빌게 하소서. 축복을 베풀게 하소서.(9.17.)

선생님!

저는 어려운 환경 가운데서 살아온 인생이지만 하나님이 함께하셔서 저 또한 즐겁고 앞으로 일본인 관광안내와 일본으로 건너가서 선교하는 꿈을 주셔서 감사드립니다. 지금 조금 힘들게 살아가지만 하나님이 함께 하셔서 인생이 즐겁고 행복합니다.(9. 20.)

예수그리스도가 저와 함께하시며 저를 통하여 일본지역 교회와 지역 사회를 부흥하고 그리스도의 향기와 제자의 삶이예요. 내 후년에 일본에 가서 사역하면서 직장도 다닐 거예요! 일본 원전지역 선교와 일본 원전지역 교회에서 사역하려고요. 저는 남들은 도시 교회에서 사역하지만 남들이 가지 않는 곳에서 사역하고 싶습니다. 그게 하나님의 사랑과 기쁨인 거예요.(9. 21.)

3부 초록빛 우산

어설픈 중매쟁이

나에게는 평생 고치지 못하는 큰 병이 있다. 그것은 남들도 내 마음과 같은 줄 알고 정을 쉽게 준다는 것이다. 다른 사람들은 그냥 지나치는데 유독 관심을 가지고 따뜻함을 주려고 접근하여 일을 만드는 경우가 있다. 그것을 지금도 고치지 못하고 살고 있지만 후회는 하지 않는다.

나쁜 습관 때문에 다행히도 몇 쌍의 부부들이 나로 인해 맺어져 행복하게 잘살고 있어 가끔씩 옛 추억을 떠올리고 있으니 말이다. 서른 몇 해 전쯤에 있었던 일인데 몹시도 추운 1월 중순 전주의 한 학교에서 중등 임용시험을 치르게 되었다. 그때 조금 일찍 도착하여 정해진 교실을 향하여 걸어가다 앙상한 겨울나무 곁에 책을 들고 외롭게 서 있는 여성을 보게 되었다. 다른 응시자들은 이곳 출신들이라 함께 어울려 행동을 하지만 아무래도 조금 안쓰러운 생각에 내가 먼저 다가가서 말을 걸었다.

"어디서 시험을 보러 왔어요?"라고 물으니 청주에서 왔다고 하며 어느 대학을 다니는지까지 얘기하고 긴장이 풀린 듯 편하게 미소를 지었다. 전공을 물어보니 "피아노예요."라고 했다. 순간 내 머리에는 오늘 이곳에서 함께 응시할 서른세 살 노총각 친구가 떠올랐다. 그에게 두 번 중매를 하려다 실패한 일이 있었고 오지랖 넓은 마음으로 장가를 보내주고 싶은 마음이 있어서였다. 오빠 같은 마음으로 혼자 왔다고 긴장하지 말고 시험 잘 치르고 점심때 함께 식사하자고 얘기를 했더니 힘을 얻은 듯 "그럴게요." 하며 얼굴이 환해짐을 느꼈다.

시험이 끝나고 많은 사람들이 하나 둘씩 나오고 있었다. 이름도 몰랐던 그 여성이 약속대로 아침에 만났던 나무 곁으로 와서 같이 가려는데 멀리서 나를 부르는 소리가 들려 그쪽을 바라보았다. 우연의 일치인지 바로 아침에 내가 생각했던 그 친구가 나를 부르는 것이 아닌가? 잘되었다 생각하며 내 제안으로 셋이 함께 근처 2층 식당에 가게 되었다. 점심을 먹으면서 주로 내가 주인공이 되어서 초면인데도 수년 전에 알고 지내던 사이인 양 양쪽 얘기도 들으며 수다를 떨었다.

그때 나는 딸과 아들이 있는 기혼자라서 거리낌 없이 그랬다고 생각된다. 이야기를 하다 보니 그 여성은 고향이 춘향골 남원이고 가족도 모두 그곳에 살고 있는데 충청도 학교에 진학했다고 상냥하게 말해주었다. 내 친구는 평소 잘 알지만 K시가 고향이며 전공이 성악이라는 것도 설명해주었다. 남의 일에 나만 들떠가지고 말을 많이 하다 식사를 어떻게 했는지 시간이 너무 빨리 지나가 버렸다.

오후에 있는 실기 시험을 모두 잘 치르고 꼭 합격해서 다시 만났으면 한다고 얘기하고 그날은 기약 없이 헤어졌다. 하나라도 낙방하면 같은 방향의 학교에는 근무를 못하니까 말이다. 그 후 친구와 나는 순위가 적힌 합격 통지를 받고 발령을 받아 분주하게 살았지만 주소와 전화번호도 모르는 그 여성은 내 머리에서 잊어버렸다.

몇 달 뒤 3월 말 K시의 Y여고 강당에서 전북중등음악 교사 연수회가 있어 수백 명이 참가하게 되었다. 그곳에서 몇 달 전 추위에 움츠려 외로이 있었던 모습이 아닌 의젓하고 아리따운 선생님 된 L여성을 다시 재회하게 되었다.

맹탕인 노총각 친구는 나처럼 그 사람을 까맣게 잊어버리고 혹시나 하고 찾아보려는 노력도 관심도 없었다.

하기야 점심 한 번 같이 먹었으니 보통 사람은 그러고도 남을 듯하다고 생각했다. 오전 연수가 끝나고 모두들 밖으로 나가게 되어 내가 둘을 다시 챙겨서 가고 있는데 비가 내렸다. 어느 노래 가사처럼 만남은 진짜 우연이 아닌 것 같다는 생각이 떠올라 식사를 하면서 혼자 비시시 웃었다. 내가 꼭 그들의 형이나 오빠인 양 반 강요 같은 당부의 말을 하며 다짐을 받으려 애를 썼다.

근무지도 서로 가까운 곳에 있고 같은 과목에다 전공도 피아노와 성악이니 둘이 서로 잘해보면 얼마나 좋겠느냐면서 둘을 위한 달콤한 얘기를 많이 해주었다. 좋은 일이 있으면 많은 사람들이 축복해주고 부러워 할 거라고 다시 강조해 주니 둘 다 흡족한 표정을 지어 안심이 되었다.

친구한테는 별도로 만나 남자인 자네가 적극적으로 나서야 한다고 신신 당부하고 그날 헤어졌다. 나는 멀리 떨어진 읍지역의 J중학교에서 근무 중이었는데 어느 날 청첩장이 날아왔다. 꽃 피는 4월 하순에 결혼한다는 두 사람의 이름이 적힌 반가운 소식이었다.

도둑도 빠른 것 같아서 다시 읽어보니 틀림없었다. 내 입가엔 꼭 내가 큰 시험에 합격한 듯 기쁨의 미소가 맴도는 것 같이 좋았다. 그 뒤 결혼을 하고 서로 멀리 있어서 한 해에 한 번씩 연수회 때 만나면 공개적으로 자기들의 중매쟁이라며 내 팔을 잡고 가서 식사를 하곤 할 때가 많았다.

이따금씩 여교사의 힘든 푸념을 들을 땐 내가 많이 미안했다. 연로하신 시부모님을 모신 데다 나이가 열 살이나 차이가 난 남편은 고집이 세고 가정보다 친구들과 잡기로 보내는 시간이 지나쳤던 모양이었다. 스물세 살 앳된 춘향이를 내가 처음 만나 괜히 설치지만 않았어도 눈물 고생 안 시켰을 텐데 지금도 어렴풋이 미안한 마음이 한 번씩 든다. 가정생활과 직장생활을 충실히 하다 이젠 나이 든 남편의 반성적인 참 사랑을 받으며 살아가고 있다니 참 다행이라고 생각된다.

더구나 이번 주엔 잘 키운 첫째 아들을 결혼시킨다고 하니 모처럼 나도 옛날처럼 양복 빼입고 가서 축하해 주어야겠다.

이제는 시부모의 때 구정물도 잊고 남편의 안 좋은 때와 자식들의 콧물 눈물 때까지도 말끔히 없어지기를 '어설픈 중매쟁이'는 바라고 싶다.

요즘 우리 주변에 선남선녀가 얼마나 많은가? 결혼이란 조금씩 상대를 배려하고 용서하면서 감사하는 마음으로 성숙해 가는 것이 아닐까? 시간이 우리를 변하게 하고 때로는 후회도 이겨낼 수 있는 건 좋은 인연으로 맺어진 사랑이 있기 때문이다.

이 사람 저 사람 똑같네

"어? 이 사람 봐라! 타고 있는 담배를 던지네……. 아따, 저 사람은 더 멀리 던지네?" 오전이나 오후에 한 번씩 5km쯤의 거리에 있는 곳을 왕복하면서 운동을 하곤 한다. 오늘도 어김없이 그렇게 시간을 보내고 오는 도중 큰 사거리에서 신호를 대기하고 있었다. 사방에는 각 종 차들이 오가고 횡단보도에는 사람들이 신호를 기다리고 있는 게 여느 때와 다르지 않았다.

앞을 주시하고 기다리는데 바로 앞차의 운전석에서 담배꽁초가 날아가 땅에 떨어지고 있는 게 보였다. 1미터 거리에서 연기를 품으며 타고 있는 것을 보고 "어! 이럴 수가 있나?" 하며 자세히 살펴보니 멋지게 생긴 벤츠 마크가 붙은 고급스런 승용차여서 더욱 괘씸한 생각이 들었다. 그것도 잠시 조수석에서 또 담배 한 개비가 날아가 더 멀리 땅에 떨어지는 것이 아닌가! 신호가 바뀌자 그 차는 아무렇지도 않은 듯 신나게 회전하여 빠른 속도로 사라지는 고급차가 싸구려 차같이 밉게 보였다.

두 구간을 더 지나 신호 · 과속 단속 표시가 함께 적힌 교차로에서 정차를 하여 옆의 차를 보게 되었는데 아뿔싸! 이번에는 낡은 1톤 트럭의 운전석에서 중년쯤 보이는 남자가 열린 창문으로 타다 남은 담배를 던지는 게 또 보였다. 역시나 그곳에서도 아직 꺼지지 않은 불이 연기를 내고 있어서 묘한 기분이 들었다.

짧은 시간인데 이런 광경을 연거푸 보면서 갖가지 지나간 화재 사건들을 생각하며 집에 도착하였다. 십수 년 전 그것도 식목일에 강원도 양양에서 담배꽁초로 인해 발생한 화재로 국보급 고찰이 전소되고 국가적인 손실을 크게 입힌 일이 있었다. 또한 지난 5월의 황금연휴 기간에 강릉과 삼척 경북 상주에서도 입산한 사람의 실화로 추정되는 화재가 일어난 것을 온 국민 모두 가슴 조이며 안타까워 한 기억이 생생하다.

주민과 관광객 수십만 명이 공포에 떨어야 했고 많은 헬기와 수천 명의 인력이 화재 진압에 동원되었지만 수백 핵트아르의 숲이 재가 되는 것을 막지 못했다. 입산할 때는 성냥이나 라이터를 가지고 가지 않아야 하지만 담배를 피우는 사람들이 있어 큰일이 아닐 수 없다. 그뿐인가 자기들은 생각 없이 운전하고 가다 편하게 버린 타다 남은 담배꽁초 하나지만 항상 위험을 안고 있다. 그 때문에 화재가 발생하여 얼마나 많은 사람들에게 고통을 안겨주는 일이 많은가 상상할 수 없을 정도다. 일부 사람들의 부주의로 타버린 수십 채의 집들과 희생된 고귀한 생명의 아픔은 또 어떻게 보상을 할 것인지 막막하기도 하다.

도덕의 불감증으로 인한 그런 사람들이 벌이는 습관 때문에 매년 식목일에 심은 나무보다 셈을 할 수 없이 많은 아까운 나무들이 재로 변해버린다고 한다. 아스팔트에 던져져 불이 꺼져 다행이지 길가의 숲속에 버려졌다면 어찌 되었을지 짐작이 간다. 말 못 하는 나무들이 없어지는 과정의 아픔과 동물들의 터전을 잃어가는 안타까움도 클 것이다.

이따금씩 매스컴과 책자에서 문화의식이 선진화된 나라의 이야기를 접할 수 있다. 그곳에서는 남녀노소 모두 스스로 다른 사람에게 피해를 주지 않고 함부로 담배꽁초나 휴지를 버리지 않는다는 내용이었다. 요즘 우리나라 시내 곳곳에는 어찌 그렇게 그런 나라 사람들과 다른 문화의식이 존재하는지 믿을 수 없어 의아해 하곤 할 때가 많다. 한편으로는 마음속으로 부끄러운 생각도 들어 자신도 모르게 얼굴이 붉어지기도 한다. 운전을 할 때나 길을 걸으면서 무의식중에 습관적으로 버리는 사람이 끊이지 않기 때문이다.

이곳저곳 우리가 사는 주변에서 연로하신 분들이 함부로 버려진 쓰레기와 담배꽁초를 반복해서 줍는 모습을 볼 때 고맙기도 하고 안타까울 때도 있다. 전국 어디서나 사람들은 건강을 위해 걷고 뛰며 자연의 고마움에 취하여 즐거운 삶을 이어가고 있다. 갖가지 차들은 끊임없이 산길에서부터 바닷길에 이르기까지 달리고 있다. 행여나 이 시간에 또 타고 있는 담배꽁초를 차창 밖으로 휙 던지고 아무런 의식 없는 바보들이 있을지 걱정된다. 이 사람, 저 사람 모두다 마음의 평온함을 갖기를 소망해본다. 보이지 않는 곳에서 지금도 하나 둘씩 버려져 꺼지지 않은 담배꽁초가 숲으로 날아가지 않을까 하는 불안한 마음이 든다.

아니 그렇게 되지 않기를 바라는 마음이 간절하다.

밝은 미소

황금들판을 아름답게 꾸며준 알알이 익은 곡식은 너무 헐값이라 한숨소리 들리고 또 어느 것은 터무니없이 비싸서 아우성이다. 아주 귀하고 소중한 것은 값을 매길 수 없어 아무나 사려고 덤비지도 못한다. 그것이 무엇일까 참으로 궁금하다.

나도 어릴 적부터 천성적으로 타고난 탓인지 사람들과 만나면 항상 웃는 습관이 있었다. 동네 어른들이 '해보'라고 놀려대는 소리를 들으며 살아온 기억이 생생하다. 직업의 탓으로 돌려야겠지만 오랜 기간을 초·중·고학생들에게 웃는 표정으로 함께 생활할 수밖에 없는 이유이기도 했다.

그렇게 나도 모르게 세월의 흐름 속에 익숙해져서인지 처음 마주하는 사람들의 첫마디가 "참 인상이 좋으네요."라고 하는 경우가 많았다. 그 때마다 또 웃음 짓곤 하니 다시 또 "선하게 보입니다."라고 한다. 그러나 나는 많은 사람들에게 얼마나 기쁨과 즐거움을 주었을까 짚어봐도 생각나는 게 거의 없다.

세계적으로 이름이 알려진 골프선수 중 한 여성은 한홀 두홀 경기를 하면서 실수를 해도 편한 마음으로 본인 스스로 웃음을 머금는다. 또한 원한 대로 성공해도 그렇게 표정을 짓곤 하여 다른 선수보다 인기를 더 끈다고 한다. 일부러 만들려고 하지 않으니 자연스러운 멋이 보이는 것이 아닐까 생각되어 나도 공감이 되어 그 사람을 향해 응원의 박수를 보내곤 한다.

이따금씩 대형마트를 가서 장을 보기도 하는데 지난 주일에는 아내가 매장을 돌아다니는 동안 지루함을 느꼈다. 계산대 앞 공간으로 나와서 기다리며 한참 동안 전체를 살펴보게 되었다. 필요한 물건을 골라서 카터에 담는 사람과 많이 팔기 위해서 친절한 설명과 안내를 하는 직원들도 있었다.

사람들이 물건을 사서 계산대로 줄을 서서 마무리하는 것을 보는 순간 서로 다른 모습들에 신기함을 발견하였다. "아, 저게 바로 큰 값이 나가는 보물이구나!" 하고 속으로 말하며 나도 덩달아 웃음 지었다. 옆으로 늘어선 십여 군데의 계산대 앞에는 같은 복장으로 분주하게 일을 처리하는 여성분들이 일사분란하게 움직이는 게 신기해서 유심히 볼 수 있었다.

힘들어하는 얼굴로 고객을 대하는 분과 무표정한 모습으로 딱딱하게 일만 반복해서 하는 분도 있었다. 온종일 그 자리에 서서 수많은 사람들과 같은 일을 반복하는데 얼마나 힘들까 하고 생각되었다. 그러다가 몇몇 군데에서 일어나는 전혀 다른 활기차고 낭랑한 소리가 교차되는 광경을 볼 수 있어 다행이었다.

자연스럽게 마음에서 우러난 탓인지 환한 얼굴에 웃음 지으며 주고받는 두 사람 똑같이 밝고 즐거운 표정이 흘러나온다. 그 광경에 내 마음도 덩달아 상쾌함을 느낄 수 있어 좋았다. 그런데 우연하게도 그중에 낯익은 희야 엄마를 보게 되었다. 속으로 참 반가웠지만 모른 체하고 그냥 넘어갔다. 곰곰이 생각해보니 우리의 행복은 마음 먹기에 따라 가까운 곳에 널려있지만 그것을 발견하지 못하고 먼 곳을 해매다 지치고 마는 경우가 많은 것 같다.

동일한 시간에 일정한 보수로 같은 일을 하면서도 한 사람은 "내가 왜 이런 일을 해야 하나? 나를 아는 사람들이 뭐라고 할까? 창피하게…."라고 생각할 수 있다. 어쩔 수 없이 많은 날들을 후회하고 힘들어하며 자신도 모르게 마음까지 아픔이 쌓이게 되면 가까운 주변사람들은 어떻게 될지 걱정된다.

일을 마치고 가정의 보금자리로 돌아가서 하루의 불편함과 고단함을 그대로 나타내면 가족들의 마음은 씁쓸한 마음에 함께하는 식사도 맛이 없어질 게 뻔하다.

내가 본 같은 동네 희야 엄마는 이른 아침부터 부산하고 시끄럽다. 이왕에 하는 일, 다른 사람은 하지도 못하는데 선택받은 복으로 알고 직장을 가려니 만날 콧노래 속에서 가족들을 위해 바쁘다. 서방님도, 아이들도 마냥 웃음 띤 얼굴에 생기 있고 활발한 모습이다.

그분이 만든 미소가 담긴 가지가지 음식들은 안 먹어봐도 최고로 맛이 있으리라 짐작된다. 마트에서 집으로 오면서 내내 그 모습이 떠오른다.

잔잔한 빛

고향마을 산자락에 박ㅇㅇ라는 천석꾼이 살았던 고택 기와집이 있었다. 집 둘레의 담장은 궁궐에서나 볼 수 있는 기와가 얹혀있어 더욱 좋아보였다. 넓은 대청마루가 있고 옆에는 큰 방이 둘 있는 재실 같은 구조에 온갖 나무들과 꽃들이 잘 어우러진 정원이 있어서 시내의 학교에서 봄·가을이면 소풍을 오기도 했다.

집 옆에는 안채가 있고 대문 근처에는 사랑채가 있었다. 언제부터인가 안채에는 서울에서 원장을 하셨다는 점잖고 나이 지긋하신 여성 한 분이 일을 돕는 다른 분과 함께 내려와 살게 되었다. 그래서인지 그분을 원장님이라고 불러 주었다. 옛날 부유한 집의 며느리라고 주민들이 알았지만 마을에서 조금 멀리 떨어져 있어서 서로 거리를 두고 살았다. 같은 마을에 사는 어느 한 가족들이 사랑채에서 살며 그 집의 전답과 집안의 소소한 것도 관리해주며 지냈다.

1980년대 초라서 자가용을 타고 다니는 사람이 드물었던 시기에 어느 때부터인가 검정색 고급 승용차가 마을 위쪽에 있는 그 집 근처에 주차해 놓는 게 보였다. 시골 마을에 자전거도 많이 없던 때라서 모두들 신기하게 바라보곤 하면서 의문을 가지게 되기도 했다. 원장님 아들이 서울에서 살고 있다는 말은 들었었고 자주 볼 수 없었는데 항상 주말에 왔다 일요일 오후에 떠나는 모습을 주민들은 의아하게 생각하였다.

거의 한 주도 거르지 않고 노모님을 위해 먼 곳에서 왔다 가는 그 마음에 동네사람들의 칭찬이 자자했고 물심양면으로 마을 운영에도 힘이 되어주기도 하니 그럴 만도 했다. 어느 날부터인지 낯모르는 사람들이 하루에 두 번 다니는 버스를 타고 오거나 먼 길을 걸어와 그곳을 향해 가는 게 눈에 많이 띄었다. 궁금해서 물어보니 원장님의 아들이 국회의사당에서 치과 의사를 한 후 서울에서 병원을 운영하고 있다고 하였다.

대청마루 옆 커다란 방에 치과진료에 필요한 시설과 기구를 갖춰놓고 소문을 듣고 찾아온 사람들의 삭은 이를 무료로 제거해 주는 봉사의 일을 시작했던 것이다. 토요일 오후면 거의 정확한 시간에 부인을 비롯하여 간호사까지 데리고 오곤 하였으니 많이도 고생스러워 보였다. 주말마다 미리 와서 대기하는 사람들의 수가 늘어나기 시작하더니 한 해 두 해가 지날수록 멀리까지 소문이 나서 인근의 타 시 · 군 지역에

서까지 모여들었다.

무료로 발치해주는 탓도 있지만 고통스러워하는 환자들에게 항상 잔잔한 미소와 다정스런 말로 위로하며 편안하게 대해주기 때문이다. 어느 날 그냥 이가 없는 대로 살겠다고 우기시는 어머니를 설득해 모시고 가서 상담을 했다. 선생님께서 빼야 할 이는 몇 개 없고 뿌리만 잇몸에 깊게 들어있으니 그것들을 한 주 하나씩 찾아서 없애야 한다고 자세히 설명해 주셨다.

그때부터 매 주 여섯 달가량 모시고 다녔다. 다른 사람들도 치과에 가면 모두들 통증 때문에 무서움을 느끼지만 유독 어머니께서는 더 심해서 내가 온몸을 부축해줘야 가능했다. 왜냐하면 뿌리를 찾아서 해결하는 게 더 고통스러웠기 때문이다. 의사 선생님은 누구에게나 그냥 빼야 할 치아만 제거해주는 일만 하셨다. 찾아오는 사람들도 그렇게 알고 오게 되니 돌아갈 때는 이구동성으로 모두들 "선생님! 고마워요. 참말로 감사해요." 머리 숙여 말하고 가뿐한 마음으로 나가는 모습들이 보이곤 하였다.

사모님과 간호사가 옆에서 거들어줘도 환자가 너무 많아서 고생이 이만저만이 아니었다. 이왕 내가 거기에 가서 기다리는 처지라서 어머니보다 앞에서 대기하는 사람들을 부축해주고 도와주었더니 훨씬 일이 수월함을 느낄 수 있어 좋았다. 내 일이 끝났다고 바로 나올 수가 없어서 계속 많은 사람들의 일을 거들어주고 오는 것이 주말마다 반복되기도 하니 서로가 친근한 사이가 되는 듯했다.

수개월이 지난 후 원장님 댁에 여러 가지로 큰 도움을 주신 마을의 한 분이 특별히 고맙다는 뜻으로 기본 재료비만 받으시고 틀니를 해주었다고 자랑 삼아 내게 얘기를 해주었다. 그동안 무료봉사만 하셨기 때문에 그런 경우는 거의 없는 일이었다. 어느 날 몇 번 생각하고 용기를 내어 어머니 이를 부탁 드렸더니 한참 망설이다가 마지못해 틀니를 해주시겠다고 하셔서 정말 감사하다고 말씀드리니 빙긋이 웃으셨다.

그렇게 해서 어머니께서는 정성스레 만들어주신 그 의치를 사용하시며 날마다 고맙다고 말씀하시곤 하셨다. 나도 항상 감사한 마음으로 자주 찾아가서 도와주기도 했는데 어느 날 이상한 소문이 나돌았다. 얼마 후면 박○○ 치과의사 선생님이 무료진료 봉사를 할 수 없게 된다고……. 처음엔 이해가 안 되었는데 아마도 가까운 친인척 몇 사람들에게 고마운 마음으로 거절을 못하고 얼마간의 적은 재료비만 받고 의치를 해주었던 게 빌미가 되지 않았나 짐작을 하였다.

처음 몇 년 동안에는 소도시에 치과병원도 몇 곳 안 되니 서로 아는 처지이고 토요일 오후 네 시부터 일요일까지 봉사진료를 하니 다른 병원에 큰 지장을 주지 않았을 것이다. 그러나 해가 갈수록 원거리에서까지 사람들이 많이 오니 무료로 발치해주는 것도 영업상 지장을 받는다고 생각했을 것도 같았다.

수년 동안 언제나 밝은 모습과 인자하신 표정으로 헌신적으로 환자들에게 조금만 참으면 괜찮다고 친절하게 위로를 해주셨던 분이다. 아프다고 신음하는 이들에게 희망과 용기를 주시고 천릿길을 왕래하시던 모습이 꼭 현실처럼 비춰진다. 본의 아니게 무료 봉사의 일을 하지 못하게 되었던 그때의 서글퍼지고 아팠던 기억이 새삼스럽게 떠오른다. 그 후로 몇 해가 지나 그분 노모의 건강이 여의치 않아 서울로 모시고 간 후 소식이 끊어지고 세월이 빠르게 흘러갔다.

한 주일 동안 수십여 명에게 무료로 의료봉사를 하였으니 수년 동안 수백, 수천 명은 되었으리라 미루어 생각된다. 고통받는 환자들에게 보여주시던 포근하고 잔잔한 미소가 오래오래 고마운 빛으로 밝혀주는 듯하다.

팥죽집 모녀

"왜 아이스크림을 사왔어요?" "예, 아까 일인분 팥 칼국수를 포장해 갔는데 넉넉히 주셔서 아내와 둘이 맛있게 먹었거든요. 그래도 제가 천 원 이익을 봤네요."라고 하니 칠십 중반의 할머니와 딸이 빙그레 미소 지었다.

올 여름은 유난히도 무더운 날씨가 계속 되고 가물었다. 바다가 아닌 가까운 계곡에는 시원한 물줄기 보기가 힘들었다. 가정과 직장에서 규칙적으로 생활하다보면 이것저것 힘들고 어려움도 있어 에어컨을 켜도 더위를 느끼게 된다. 정체되는 도로와 뜨거운 야외의 태양 아래에서 폭염에 시달려도 다른 곳으로 떠나 한때를 보내는 것이 피서라고 하니 고개가 갸우뚱해진다.

어릴 적 시골에 살 때 여름날이면 이따금씩 어머니와 누나가 칼국수를 만들고 팥을 삶아 팥 칼국수를 쑤어주곤 했다. 넓은 마당에 모깃불 피워놓고 멍석을 깔아 누워서 별을 보다가 온 가족이 두레상 둘레에 모여서 먹는 팥칼국수 맛은 잊히지 않는다.

오늘은 삼식이 노릇한 지도 수년째라 왠지 미안해서 눈치를 보는데 아내가 "점심은 뭣으로 하지……." 하고 혼자 중얼거리다 한참 후에 팥칼국수 사다 먹으면 어떠냐고 물었다. 나는 체중이 좀 늘어야 한다는 걱정 때문인지 내키지 않았지만 그러자고 대답했다.

그릇을 준비하고 보자기에 싸서 가지고 가니 손님들이 많이 앉아서 음식을 먹고 있었다. 이 식당은 연중 팥 칼국수와 팥죽을 끊이지 않고 팔고 있다는 소문이 났는지 많은 사람들이 알고 있어 인기가 높다. 중년쯤 돼 보이는 할머니의 딸에게 일인분을 부탁하고 한쪽 의자에 앉아서 TV를 보고 기다리고 있었다. 갈 때부터 그릇이 조금 크다고 생각했는데 아니나 다를까 아주머니가 "많이 담아 드렸어요!"라고 하기에 6,000원을 드리고 "감사합니다. 잘 먹을게요!" 하고 집으로 돌아와서 오순도순 맛있게 먹으니 무더위도 가신 듯 기분이 좋았다.

몇 시간이 지난 뒤 매일 주기적으로 운동을 하러 나가는 편이라 집을 나서려는데 왠지 뭐 한 가지를 꼭 잊은 것 같아서 마음이 허전했다. 원래 수학공부를 잘 못해서 학창시절 고생도 하고 인생의 두 갈림길이 바뀌기도 했는데 불현듯 그 숫자계산이 생각났다. "죽 한 그릇에 6,000원인데 둘이 먹었으니 얼마의 이익을 봤지?" 혼잣말로 중얼거리며 좋은 생각이 떠올라 바로 가까운 마트로 향했다. 팥죽집의 모녀가 생각나서 5,000을 주고 아이스크림 다섯 개를 사다가 주었다.

날씨도 더우니 조금 쉬면서 함께 시원하게 먹으라 하고 나오려는데 고맙다고 하며 대화를 하게 되었다. 딸 셋에 아들 하나를 둔 할머니의 간단한 얘기를 듣고 돌아오니 왠지 내 마음도 즐겁고 편안했다. 그 팥죽집이 내가 사는 곳 근처에 있어서 자주 보는 편인데 여름은 좀 덜하지만 사시사철 가게는 만원사례라 자리가 없어 기다려야 한다.

음식값은 저렴하지만 두 모녀가 장인정신에 친절함과 즐거운 마음으로 가게를 꾸려가는 모습이 아름답게 보였다. 구수한 맛을 내는 탁월한 비법으로 손님이 많이 찾아주어서 경제적으로도 날로 윤택해지는 보람을 느끼리라 짐작되었다. 오래전부터 소문이 잘 나서인지 이 고장 사람들이 거의 다 알고 있을 정도이니 그 까닭은 무엇인지 궁금해서 할머니께 물어보았다. 소녀시절부터 자기 어머니가 하시는 것을 보고 직접 배운 대로 꾀를 부리지 않고 일편단심 변함없이 같은 재료를 사용하여 죽을 쑤고 있다고 했다. 달라진 것은 다량으로 해야 하니 맷돌만 기계로 된 것으로 바꿨다고 했다.

진짜 좋은 국산 팥을 사용하고 물의 양을 비율에 맞게 수십 년을 똑같이 이어 오고 있으니 사람들이 이구동성으로 맛있다고 한단다. 입소문이 나서 각처에서 물어물어 찾는다고 했다. 나도 "그래요! 참 잘됐네요! 대단하십니다!"라고 격려의 인사를 하고 가벼운 발걸음으로 돌아왔다.

찾아주는 단골 고객들이 맛있어 하고 칭찬해주니 일하는 시간들도 즐겁고 고달픔도 훨씬 줄어들 것 같다는 생각이 들었다. 사람들 모두에게 언제나 웃음과 환한 마음을 실어 거친 손으로 정성껏 팥칼국수를 만들어주는 모녀의 손맛 때문에 마음까지 시원한 하루였다. 지금도 팥칼국수 맛이 입안에 맴돌고 있다.

한여름날의 꿈

유난히도 무덥던 여름 날 낮인데도 아름다운 꿈을 꾸었다.

한 해 두 번씩 만나는 처가의 아홉 남매 부부모임이 올해는 먼 지역이라서 처형이 운전을 하는 승용차로 출발하여 가게 되었다. 가는 동안 반대쪽 차선을 보니 어디로들 여행을 가는지 주말이라 길게 늘어져 정체되어 있는 게 안타까우면서도 장관이었다. 이렇게 더운 날 저렇게 많은 차들이 수킬로미터를 기어가고 있으니 말이다. 우리가 가는 차선은 막힘이 없이 잘 달려갔고 어느 한 부분에서만 조금 밀려서 다행이었다,

시내에 들어와 내비게이션이 없어 한두 번 애를 먹어 도착시간이 지연되었지만 여섯 시간의 운행으로 만족을 해야 했다. 서울에서 출발

한 막내 처제 부부는 열 시간을 길에서 보내고 왔다고 했다. 다음 날 나는 꼭 내려 올 일이 있어서 먼저 집에 가려고 하루 다섯 번 운행하는 마지막 버스표를 예매했다. 여름 휴가철이라 대합실에는 수많은 사람들로 붐비고 있는 것을 뒤로하고 차에 오르니 내 좌석은 용케도 창가라서 좋았다. 앉아서 앞의 화면을 보니 마흔 다섯 개의 좌석에 승객이 타면서 하나 둘씩 체크를 할 때마다 승차현황이 나타났다.

변화되는 세상의 이모저모를 새삼 알 수도 있어서 신기해하며 보고 있는데 내 옆의 좌석을 포함해서 다섯 개의 자리가 채워지지 않은 것이 화면에 빈칸으로 보였다. 순간 내 옆자리에는 누가 와서 탈까 기대되며 그 옛날의 기차와 버스 안에서 우연히 만난 사람들과 대화했던 추억들이 스치고 지나갔다.

잠깐 생각에 잠겨 있는데 어린아이의 울음소리가 들려와 나를 비롯하여 먼저 앉은 사람들 모두 한 곳에 시선이 쏠렸다. 초라한 옷차림으로 가방 두 개를 들고 아이까지 안고 힘들게 승차하는 한 할머니의 모습이 시야에 들어왔다. 내 옆자리는 아니겠지 하는 이기적인 생각이 잠깐 들었는데 아니나 다를까. "그런 나쁜 마음을 먹으면 못써!" 하는 나무람처럼 한참이나 울어대어 눈물범벅이 된 아이와 함께 버스표를 들고 내 곁에 서있지 않은가…….

고속버스인데 두 좌석이 막혀 있지 않고 함께 이어져서 의아해 하며 작은 체구인 나와 셋이 함께 앉는 것이 큰 불편함이 없어 다행이었다.

할머니와 아이의 얼굴엔 땀방울이 줄줄 흘러내리고 아이의 울음소리가 멈추어질 때쯤 버스는 서서히 출발을 하였다.

원래 내가 사람들한테 정이 많은 탓으로 남의 일에 유난히도 관심이 크고 무슨 일을 보면 그냥 지나치지 못하는 단점을 가지고 살아왔다. 할머니가 아이의 눈물을 닦아주고 나도 도와주어 편안하게 안아주고 달래주니 금방 밝은 얼굴에 까만 눈으로 나를 바라보아 안심이 되었다. 그 때 내게 아이가 추울 것 같으니 머리 위에 있는 에어컨 방향을 돌려주었으면 어떻겠냐고 부탁해서 일어나 그렇게 해주었다.

순간 나와 할머니, 아이의 편안함을 위해서 빈 좌석이 있어 옮겨 앉을까 하는 마음이 들었는데 그것은 잠시 동안의 내 착각으로 끝났다. 이제 출발했으니 탈 사람도 없고 빈자리로 갈 테니 편히 앉아 가시라 했더니 "아니에요, 도중에 한 번 정차하면 사람들이 또 탈 겁니다."라고 했다. 얼마 후 도중에 정차하는 승강장에서 자리가 다 채워지니 나의 생각은 물거품이 되고 우리는 가짜 할아버지와 할머니의 신분으로 세 가족의 네 시간 버스 여행이 시작되었다.

서로 이야기를 하다 보니 익산에서 태어나 울산에서 살게 되었으며 세 남매를 두어 둘은 출가시키고 마흔이 된 큰아들만 아직 결혼을 안 해서 걱정이라고 하였다.

시골에서 흔히 마주치는 전형적인 아주머니의 모습이었다. 화장기 없는 얼굴에 팔과 손은 일을 많이 해서 다져진 것 같았고, 옷차림과 신발은 들에서 일을 하다 급히 온 형상이었다. 시골풍경을 떠올려서인지 여인의 모습이 순하디순하면서 착하고 소박한, 자상하고 다정한 내 누님과 여동생 같은 느낌이 들었다.

아이를 어린이집 종일반에 맡기고 직장을 다니는 딸이 친정 엄마에게 고생을 시키지 않고 있다고 했다. 며칠 동안이라도 딸이 편하게 있도록 아이를 데리고 언니가 사는 곳에 함께 가는 길이라고 딸을 걱정하는 엄마였다. 우리 둘의 이야기 소리가 커지면 사람들에게 불편을 줄까봐 최대한 낮은 소리로 멈추지 않고 시간 가는 줄 모르고 대화가 이어졌다.

나이가 내 여동생보다 한 살 적었기에 같은 시대에 살았으니 말이 잘 통했다. 아이에게 옥수수를 한 알씩 떼어서 먹이면서 물을 먹이곤 하는 것을 보고 혼자 생각으로 저것은 소화가 잘 안 되는데 하고 내심 걱정하였다. 우리가 얘기하는 데 정신을 팔리고 있는 동안 아이는 자다 깨다를 반복하고 있었다. 도중에 두 시간 정도 오다 휴게소에 들러 꼭 오래전부터 알던 사람처럼 함께 아이를 데리고 다녀와서 다시 앉았다. 그리고 애를 아예 가운데 앉히고 안전벨트를 할머니와 함께 매도록 했다.

서로의 마음이 열어질수록 공통점이 발견되고 이해할 수 있는 게 많아서 시간이 가는 것이 아쉬움으로 변했다. 처음 우리는 둘이 와서 앉았을 때와는 정반대로 이 사람하고 이렇게 함께한 만남이 오히려 고마움으로 변하가고 있었다. 한편으로는 내 선입견으로 마음속에서 무시하지 않았나 하는 미안함도 남았다.

남루한 옷차림에 여성의 멋이라고는 한 군데도 찾아보기 어려웠는데 웬걸 진흙 속의 진주알처럼 아름다운 빛이 서서히 밝게 빛나고 있음을 감지할 수 있었다. 이야기를 하다 보니 나와 공통점도 있었다. 초등학교 시절 노래를 좋아해서 J시의 G여고 강당에서 합창대회에 참가하여 큰 상을 받았다고 했다. 버스가 조금 천천히 가야하는데 왜 이리 빠른지 미워지는 마음과 함께 먼 옛날 총각시절의 로맨스가 어렴풋이 생각나서 나도 모르게 웃음이 나왔다.

아차! 그러는 사이에 우리 둘 사이에서 할머니 품에 안겨 쌔근쌔근 예쁘게 자다 깨다 하던 아이가 몇 시간 전 먹은 것을 토하고 울기 시작했다. 둘이 아이를 깨끗이 닦아주고 가방 속의 여벌인 시원한 원피스로 갈아입힌 후 할머니는 등을 두드리고 나는 배를 만져주며 셋은 한 가족인 양 정성껏 돌보았다. 또 양쪽 손을 하나씩 나누어 주물러 주었더니 웃기도 하고 다시 해맑은 얼굴을 되찾아가서 안심이 되었다. 도착예정시간이 자막에 표시되었다 .

고교과정은 검정고시를 보고 방송통신대에서 중어중문학을 전공했으며 가곡 중에서 〈그리운 금강산〉, 〈가고파〉, 〈청산에 살리라〉, 〈목련화〉 등의 가사를 다 외우고 있는 사람이었다. 집으로 돌아가면 그곳 대학교의 평생교육원에 등록하여 노래를 포함해서 하고 싶은 것에 도전해보라고 권유했다. 아이가 아팠었기에 걱정이 되었다. 아니 우리 둘이 얘기를 진지하게 하다 소홀히 해서 아팠는지 미안한 마음이 들었다.

버스 터미널이 큰 공사 중이라 매우 혼잡했고 도착 전 차 안에서 보니 먼 곳에서 까만 치마에 하얀 옷을 단정히 입은 정숙하게 생긴 할머니 한 분이 내 시야에 들어왔다. 우리는 내리면서 가방은 내가 들어주고 할머니는 아이를 안고 버스에서 내려 걷다가 갑자기 흰 옷 입은 분에게 "언니!"라고 하기에 나도 모르게 그분께 목례를 하였다. 잠시 어리둥절하는 표정이었다. 원불교에서 활동하는 '정녀'인 분이 그

잠시 후 "아, 저기 제부가 오네요." 하고
아버지인 양 그 사람에게도 인사를 하니
또 놀라

아이의 할머니 얼굴은 부끄러움인지 죄 지은 사람처럼 빨갛게 변해 있었다. 이런저런 설명도 자세히 할 틈도 없이 피곤한 여행길이기에 가볍게 인사하고 헤어졌다.

택시를 타고 집으로 오는 길에 아팠던 꼬마가 걱정이 되어 아른거렸다.

네 시간 동안 내가 진짜 할아버지였나? 하고 여름날의 시원한 꿈을 꾼 듯하다.

초록빛 우산

날씨도 맑은데 우산을 쓰고 오랜만에 말이 없는 한 손님이 찾아왔다. 그것도 여느 때와 달리 황금빛 치장을 한 초록빛 우산을 쓰고……. 반가워서 손을 마주잡고 속삭여주며 한참 동안 다정한 눈빛으로 마음의 대화가 이어질 수 있어 참 좋았다. 몇 해 전 9월 중순쯤 3,650일 동안 아이들의 꿈과 사랑이 되어주었다고 하는 '10년의 사랑, 10년의 감사'라고 적힌 상패가 바로 그 손님이다.

강도 변하고 산도 변한다는 햇수가 적힌 문구를 대하며 왠지 별것 아니면서 너무나 부족한 내 마음의 사랑에 부끄러움이 들어 얼굴이 스스로 붉어짐을 느꼈다.

고 하며 매월 조금씩 후원해주시면 어떻겠느냐고 조심스럽게 말을 했다. 그 순간 나도 몰래 미안한 마음이 들었다. 아직까지 누구한테 꾸준히 정기적으로 돕고 살지를 못 했으니 좋은 생각이라고 하며 가입용지에 자필로 기록을 해주었더니 흐뭇해하며 돌아갔다.

그렇게 해서 한해 두해 그리고 십 년이 훌쩍 지나가고 내 나이 따라 세월이 빠르게 흘러가는 느낌이 들었다. 그때 그 선생님 덕택에 나도 어린이재단에서 운영하는 값진 우산을 쓴 사람이 되어 약소하지만 이름 모를 어린아이들에게 비를 막아주게 된다니 위안이 되기도 했다.

미약하지만 나도 조그만 사랑이 담긴 후원으로 어린이들에게 희망을 심어준다니 기분도 좋을 때도 있었다. 한두 달에 소식이 담긴 조그만 잡지가 오기 때문이다. 사람들은 자기에게 정신적이나 물질적으로 베풀어주면 기뻐하기 마련이다. 가지고 있는 통장에 매일 또는 매달 일정한 금액이 들어오면 왠지 부자가 된 듯 기쁘고 흐뭇해한다. 반대로 적은 액수라도 오랜 기간 정기적으로 빠져나가면 서운해 하기도 하지 않을까 생각도 든다.

아무한테나 선뜻 이유 없이 일만 원이라도 건네주고 받는 것도 참 어색하고 불편하지만 보이지 않는 약자를 위해 아무도 모르게 꾸준히 줄 수 있으면 흐뭇한 마음이 들게 되리라. 경제적으로 부유하고 그렇지 못한 나라 간에 화폐의 가치는 상상할 수 없을 만큼 큰 차이가 난다는 것을 최근에야 알았다. 여섯 해 전 동남아 여행 때 피부로 실감할 수 있었다. 한 나라에 갔더니 초등학교 저학년에 다녀야 할 아이들이 유람선까지 따라다니며 애처로운 표정으로 1달러(천 원)를 달라고 하소연하는 것을 많이 볼 수 있었다.

관광객의 일부는 그에 응해 주기도 하지만 그냥 웃어넘기고 마는 마음 아픈 광경을 많이 볼 수 있어서 여행의 씁쓸하고 짠한 기분이 들기도 했다. 꼭 내가 어렸을 적 일터로 나가신 부모님을 기다리며 집을 보다 아이를 업고 집집마다 무엇을 얻으러 다니는 불쌍한 사람들 모습이 떠올랐기 때문이다. 그것뿐인가 우리나라에도 까마득한 옛날 산골마을의 굴뚝에 나무와 식량이 없어 연기가 피어나지 못하는 집이 있었고 먹은 것이 적어 젖이 나오지 않아 엄마 품에서 울어대는 간난아이도 있었다. 여행 후 알고 보니 3달러의 가치가 그 나라 성인이 일해서 벌 수 있는 하루의 노임이 된다고 해서 더 큰 놀라움을 느꼈다.

이따금씩 TV화면에서 앙상한 모습으로 우유와 빵을 비롯하여 먹을 것이 없어 힘 없이 눈을 깜박이는 영유아의 눈과 눈물 흘리는 엄마의 눈이 마주하는 것을 차마 볼 수 없어 화면을 바꾸기도 했다. 후원자들의 몇 천 원의 사랑이면 멀고 가까운 세상의 어린 생명 몇 명을 살릴 수 있고 일만 원이면 더 많이 꺼져가는 아이들에게 희망을 줄 수 있다고 방영되기 때문이다.

오래전 시골 마을의 한 집 건너 두 집 중 어느 가족들은 식량이 부족하여 심한 고생을 하고 제대로 된 삶을 누리지 못한 경우도 있었다. 지금 우리가 보는 먼 나라의 불쌍한 어린 생명을 보는 것 같아 지금도 그때 그 시절의 아이들을 생각하면 마음이 아파 옴을 느낀다.

세상 어느 곳에서 살고 있어도 인종과 피부가 다를지라도 사람의 어린 생명은 상상할 수 없을 만큼 소중하고 보배로운 것이다. 태어난 지 얼마 안 되는 유아부터 어린아이는 너무나 약하고 면역력이 없어 충분히 먹고 자라야 한다. 그러나 그렇지 못한 환경에서 태어난 셀 수 없이 많은 씨앗들이 사라져가는 안타까움에 어찌하지 못하는 엄마가 흘리는 눈물의 빗줄기가 멈추지 않고 있어 슬프다.

갓 태어난 한 어린 생명을 잘 가꾸고 키우면 그가 수십만 명 이상의 사람들에게 희망과 행복을 선사해주는 위대한 인간이 되기도 하는 것을 우리는 보아왔고 지금도 느끼고 있다. 너무나 반가운 것은 도움을 받아야만 하는 아이들에게 꿈이 되고 사랑이 되어주려는 조용하고 말없는 후원자들이 많이 늘어간다는 것이다.

가뭄과 기근에 목말라하는 지구상 곳곳 여러 나라를 비롯해서 각처의 메마른 대지에 초록빛이 넘쳐나길 소망해본다. 사랑의 우산을 쓰고 다니는 손님들의 따뜻한 마음의 불꽃이 꺼지지 않는 날이 있어주길 또 빌어본다. 끝이 보이지 않는 길고 먼 길을 초록빛 우산을 쓴 사람들과 이 세상 끝까지 함께 걸어갔으면 하는 마음이다.

힘내세요

'엄마! 저는 괜찮아요, 세상에서 제일 포근하고 따스한 등에 업혀 있으니 참 좋아요.'라고 말하는 듯 큰 눈을 깜박이는 두 살배기 아이의 모습이 내 눈을 붙잡는다. 전국지역의 폭염주의보와 경보를 알리는 소식이 연일 이어지는 칠월 하순에 중학친구들의 모임이 있어 그곳에 참석했다. 천장의 많은 불빛과 사람들의 시끄러운 소리 속 좁은 식당의 엄마 등에 업혀서 함께 왔다 갔다 하는 아이가 언제쯤 잠이 들지 궁금해서 내 마음이 불안했다.

손님이 많아서 동분서주하는 엄마와 한 몸이 된 아이를 번갈아보다 구워지는 고기와 음식이 제대로 먹어지지 않고 자꾸만 그쪽으로 관심이 갔다. 다른 친구들은 소주와 맥주를 섞어 아직도 젊은 듯, 백 세까지 살고 가려는 듯 '건강을 위하여!'를 외치며 모두들 기분이 좋은 것 같았지만 왠지 알 수 없는 생각이 나를 흔들었다. 아이의 두 다리가 엄마 등의 좌우에서 힘없이 왔다 갔다 했다. 그냥 안쓰러워 보이기도 하고 마음속으로 뭔가 모르게 뭉클해 오는 게 있어 잠시 생각에 잠기었다.

그러는 사이 내 머리에서는 오래전 시골의 풍경들이 파노라마처럼 뇌리를 스쳐갔다. 도회지에서도 마찬가지로 그런 모습들은 자연스럽게 여겨왔던 시절이었다. 집집마다 아이를 많이 낳아 기르던 때라 엄마가 아이를 업고 일터에 나가고, 누나가 동생들을 업고 다니며 돌보던 시절이 있었다. 한 여름 뙤약볕에서 일하시는 엄마를 찾아가 아기에게 젖을 먹이려고 논둑길을 동생들 업고 다녔다. 구부러지고 비탈진 산밭을 힘겹게 올라가면 땀에 젖은 모시적삼 서둘러 풀어놓고 아기에게 젖을 먹이던 엄마들이 참 많았다.

집집마다 한 해 두 해 터울로 태어나는 아이들이 제대로 젖을 먹지 못하고 엄마가 그리워 울어대는 울음소리를 잠재우려 언니와 누나들이 많이도 힘들었을 것이다. 그 시절에는 등에 업고 포대기를 대고 띠를 둘러매는 게 당연한 것이었다. 어느 때부터인지 캥거루 엄마처럼 앞에다 안고 다니는 게 편하게 되어 등에 업고 다니는 경우는 거의 보기 드물게 되어 의아하게 여겼지만 지금은 당연시 된듯하다.

그런데 이런 음식점에서 젊고 예쁘기도 한 엄마가 열심히 살면서 백에 하나나 있을까 말까 한 멋진 장면을 볼 수 있게 해서 나도 모르게 대견하고 고마운 마음이 들었다. 나 어릴 적 많이도 보아왔던 기억들이 샘솟듯 나오는 게 아닌가……. 나를 업어 키우시던 큰누님의 모습도 그려지고 이웃집 누나들의 아이 업고 뛰놀던 광경도 어렴풋이 떠올랐다.

그리 넓지 않은 식당에는 삼십여 명이 앉을 수 있는 탁자가 놓여 있었다. 주로 고기를 가스 불에 구워서 먹는 집이라 탁자마다 레인지가 놓여 있고 높은 온도의 불꽃들이 사람들이 있는 탁자 중앙에서 열을 발산하고 있었다. 우리 일행도 마찬가지이지만 다른 손님들도 에어컨이 켜져 있어도 밀폐된 공간에서 8개의 가스불이 품어대는 열을 어찌 감당하겠는가.

뭐가 없다고 더 달라 하는 주문이 이곳저곳에서 들려왔다. 얼핏 보니 홀과 연결되어 개방된 주방에 쪼그리고 앉아 채소를 씻고 있는 아이 엄마의 뒷모습이 시선에 와 닿았다. 등에서 아기는 어느새 잠이 들어 고개를 딱 붙이고 있었다. 왠지 마음 한구석이 찡해 오는데 오히려 안도의 숨이 나왔다. 나오다 보니 입구 왼쪽 작은 공간 야외용 텐트 안에서 아이는 쌔근쌔근 잠을 자고 있고 네 살쯤 보이는 형은 장난감을 가지고 곁에서 놀고 있었다.

무더운 여름날, 고기를 굽기 위해 이글거리는 가스레인지 불을 살피면서도 웃음을 머금고 열심히 살아가는 아기 엄마의 모습이 유난히 아름답게 보였다. 영특하게 생긴 두 사내아이가 지금쯤 좁은 텐트 안과 든든한 엄마 등에서 잘 자라고 있겠지……. 아이가 '엄마! 힘내세요! 제가 형아랑 무럭무럭 잘 자라서 엄마, 아빠의 큰 힘이 될게요.' 라고 하는 말이 내 귓전에 들리는 것 같다.

까투리의 눈물방울

오월이 시작되어 도처에서 가족들의 따뜻한 만남으로 웃음꽃 피는 아름다운 계절이다. 매년 어린이날이 되면 수백 명의 아이들이 실종되고 가족과 만나지 못해 아픔의 눈물을 흘리게 되는 일이 보도되어 마음을 서글프게 한다.

지난달에 우연히 경험했던 까투리 부부의 애틋한 모습이 아른거려 이따금씩 궁금하기도 하다. 겁을 잔뜩 먹고 지쳐서 잡힌 암꿩의 이슬 맺힌 눈물방울이 햇살에 슬픈듯 빛나고 있던 그 장면이다. 갇혀진 공간에서 훤히 트인 넓은 세상으로 잘 가라고 보내니 푸드득 멀리 떠나는 그 모습이 생생한 기억으로 아쉬움과 기쁨으로 내게 스며온다.

몇 해 전 눈이 내리던 해 질 녘에 이런 일이 있었다. 연습장에서 공을 치고 있을 때 길을 잘못 들어 그물망 안으로 들어 온 까투리 한 마리가 밖으로 나가려 안간힘을 쓰는 것을 모두들 보게 되었다. 나와 사장은 같이 가서 몰고 다니다 암꿩을 겨우 잡을 수 있었다. 야생조류를 허가 없이 포획하면 처벌을 받게 된다는 것을 알면서도 소극적인 내 생각에 살려주지 못 했던 게 못내 아쉬움이 남았다. 그 사람이 장인께 드린다고 박스에 넣을 때 봤던 상황이 오래도록 뇌리를 스치곤 해서 기분이 찐한 게 항상 편하지 않았기 때문이다.

물론 그 뒤로 어떻게 처리했는지 묻지도 않고 오늘까지 많은 날들이 지나갔으니 행여 살려 보냈는지도 모르겠지만……. 이번에도 여느 때와 다름없이 공을 치다가 수년 전과 똑같은 현상을 목격하고 내 눈을 의심하며 먼 곳을 자세히 바라보았다.

망이 둘러쳐진 끝자락 밑에서 수십 미터를 좌우로 왔다 갔다 하는 갈색바탕의 새 한 마리를 보게 된 것이다. 순간적으로 사람들에게 "저기 꿩 한 마리가 들어와서 못 나가고 있네요!"라고 말했다. 사람들이 나를 보며 잠시 운동을 멈추었다. 내 표정과 까투리를 번갈아 바라보다가 별것 아닌 듯 다시 여기저기에서 공을 때려 보내는 소리가 쉴 새 없이 들렸다. 다른 사람들은 까투리를 염두에도 두지 않는 듯 보였으나 왠지 몇 년 전 생각이 나서 운동에 전념하기가 어려웠다.

어쩌다 길을 잘못 들여 놓아 갇히게 된 까투리 한 마리가 밖으로 나가기 위해서 반복해서 왔다 갔다 하는 게 불쌍했다. 그러는 순간, "어! 저럴 수가 있나?" 하고 믿기 어려운 광경을 목격하게 되어 깜짝 놀라 정신이 버쩍 들었다. 파란 그물로 된 망 뒤편에는 대나무 숲이 있는데 그 앞에 장끼 한 마리가 망을 사이에 두고 암꿩이 움직이는 방향으로 같이 따라가며 이동하기를 반복하는 것이 아닌가?……. 그렇게 하기를 여러 번 보였다 안 보였다 하며 고운 털빛을 가진 큰 수꿩이 안타까워하는 것이었다.

꼭 사람처럼 길을 잃은 까투리는 집에 두고 온 소중한 가족들을 걱정하며 힘들게 방황하고 있는 게 아닌가 하는 느낌을 내게 깊이 심어주었다. 수꿩의 행동은 자기 힘으로 꺼내줄 수는 없어도 짝을 위해 위험을 무릅쓰고 힘겹게 동행하니 말이다. 포기하지 말라고 위안과 힘을 실어주며 생사를 함께하고 있는 그 애틋한 모습이…….

아내 꿩과 가족의 소중함을 알고 눈물겨운 행동을 하는 감동적인 한 편의 드라마를 연출하는 것 같은 장면이 내 마음을 아프게 했다. 내 생각과는 달리 주변 사람들은 별 관심이 없어 보여서 더 걱정스런 마음이 들었다. 행여나 어두워지면 얄궂은 분들이 저걸 잡아다 다른 방법으로 이용하지 않을까 하는 불길한 생각을 하게 된 것이다.

생명에 대한 존귀함도 모르고 단란한 남의 가정도 힘들게 하는 잘못된 사람들도 있는 요즘 세상이라 괜한 걱정스러움이 자꾸 나를 초조하게 만들었다.

참다 못 해 더 머뭇거리면 안 되지! 하는 조바심이 들어 운동을 멈추고 서둘러 사무실로 가서 미리 선수를 치며 말을 꺼냈다. "사장님! 알을 낳고 새끼를 낳아 기르는 산 짐승을 해치면 큰 벌을 받는다고 옛 어른들이 말씀하셨는데 저기 망 속에 암꿩이 한 마리 있네요." 그랬더니 말이 끝나기도 전에 내 의양을 알아차리고 "예, 선생님! 저도 살려주려고 했습니다."라고 하는 것이었다. 그제야 오랜 시간 두근거리던 근심이 안심으로 변하게 되었다.

둘이 가서 수 시간 동안 힘들어 지치기도 했지만 필사적으로 잡히지 않으려고 도망 다니는 것을 안을 수 있었다. 사장께서 까투리를 두 손으로 보듬고 나는 옆에서 같이 걸어오며 그물 밖으로 날려 보내려 했다. 순간 아쉬움이 들어 멈추고 "잠깐만요, 사진 하나 찍어 줄게요!"라고 말했다.

그때, 스마트 폰으로 사진을 찍으려는 순간 내 눈에 까투리의 두 눈에서 햇빛 따라 반짝이는 눈물방울과 마주쳤다. 우리의 속마음을 모르는 까투리는 들리지 않는 애절한 목소리로 "선생님, 저 좀 살려주세요. 저를 마중 나온 남편과 함께 애타게 기다리는 사랑하는 가족에게 꼭 돌아가야 돼요. 이 은혜를 항상 잊지 않을게요."라고 하는 나직한 소리가 내 귓전을 맴돌고 있는 듯했다.

눈물 섞인 까투리의 모습을 스마트 폰에 담은 뒤 둘이 웃으며 함께 날려 보내고 나니 왠지 기분이 좋고 홀가분했다. 주위 사람들이 날아가는 까투리의 날갯짓을 보며 기뻐해주는 따뜻한 봄날이 오늘 따라 더욱 아름답게 느껴져서 흐뭇한 마음이 들었다.

어깨를 툭 쳐주며 " 좋은 일을 해서 앞으로 복 많이 받을 거요."라고 말하니 "아니요, 선생님이 애쓰셨지요." 하고 겸손하게 웃으며 답해주니 왠지 보람된 마음이 들었다. 사람이나 짐승, 조류, 어류에 이르기까지 생각의 표현은 달라도 자기 가족의 사랑에 대한 애절한 마음은 아마도 같지 않을까 생각되었다.

지금쯤 까투리는 오랜 시간 밖에서 걱정하며 마중 나왔던 장끼와 함께 집으로 돌아가 가족들이랑 단란하게 오순도순 지내고 있으리라 여겨진다. 집으로 돌아오는 길부터 밤이 깊어질 때까지 까투리의 젖은 눈망울이 내내 아른거렸다.

그때 만난 꿩 부부와 가족의 즐겁고 단란한 행복을 빌고 싶어진다. 보이지 않는 망 속에 갇혀서 구원의 손길을 기다리는 우리네 삶의 한 이야기와 같다는 생각이 든다. 기쁠 때나 슬플 때나 가족이 있다는 건 큰 행운이고 고마운 존재가 아닐는지! 가족의 소중함을 새삼 느껴본다.

따뜻한 여행

오래전에 처음 만나 함께 공부했던 먼 지역에 사는 남녀 친구들이 이곳에 온다니 그냥 마음이 설렜다. 오기로 한 날은 단풍의 절정기인 십일 월 초라서 며칠 전부터 불편함이 없이 안내하고 자랑과 홍보를 잘하려는 생각에 초조하고 긴장이 되었다. 이십 명이 온다고 해서 관광 코스를 비롯 치밀한 계획을 세우고 그 내용을 미리 총무를 담당하는 여자 친구에게 보냈다.

K도에서 오는 탓에 전주 한옥마을과 경기전, 그리고 내장산 단풍을 구경하고 싶어서였다. 그러나 1박 2일의 짧은 일정인데 욕심이 많은 나는 한군데라도 더 구경하게 하려고 무리한 생각을 하였다. 원래 첫날

은 덕진 공원과 경기전을 거쳐 한옥마을, 새만금 방조제, 신시도 전망대를 보고 부안 격포의 채석강과 선운산을 들러 다음 날 내장산 단풍을 걸으면서 관광하기고 했었다.

첫날 택시를 타고 덕진 공원 근처 K식당에 미리 도착해서 반가운 얼굴들을 볼 설레는 마음으로 기다리고 있었다. 전화가 와서 받으니 12시쯤 도착하기로 했는데 조금 늦는다고 하였다. 한참 뒤 노란 28인승 버스에서 내리는 친구들과 하나하나 손을 잡고 인사를 나누니 기분이 좋았다. 예약한 터라 스무 명의 친구들은 탁자앞 의자에 앉아 윤기 나는 놋그릇에 담긴 비빔밥과 내가 가지고 간 복분자주 한 잔씩을 곁들여서 식사를 했다. 며칠 전 들러 타 지역에서 오는 손님들이니 같은 음식이지만 이 고장의 멋과 맛을 제대로 느낄 수 있도록 특별히 부탁해 두었었다.

그래서 그런지 식사 도중 부족한 밑반찬을 한복 차림의 직원 두 분이 웃으면서 친절하게 계속 채워주는 덕분에 일행 모두는 너무 고마운 마음에 찬사를 아끼지 않았다. 저렴한 가격으로 언젠가 꼭 먹고 싶었던 이 고장 비빔밥을 이렇게 맛볼 수 있어서 좋다고 이구동성으로 칭찬하는 소리를 들으니 나도 우쭐해지는 마음이 들었다.

식사 후에 가까운 덕진 공원의 연못 위 구름다리를 지나 푸른 연잎들의 어우러짐을 본 후 한옥마을 근처 공용주차장에서 내려 경기전을 비롯해서 이곳저곳을 두루 살피고 전동성당을 둘러보았다. 한 곳이라도 더 구경시켜주고 싶은 마음에 무리하게 세웠던 일정이 걱정되어 고창 선운사의 단풍을 제 대로 보려고 새만 금 방조제와 격포의 채석강은 가지 않고 목적지로 향했다.

며칠 전 손님맞이 준비를 잘 하려고 정읍에 사는 지인께 멀리서 친구들이 온다는데 좋은 식당이 어디인지 물었더니 B식당을 추천해 주었다. 가는 도중 버스 기사님께 우측에 보이는 B식당 간판을 알려주며 돌아올 때 저곳에서 저녁식사를 한다고 설명해 주었다. 매표소에 도착하니 어느덧 4시가 지났고 늦가을이라 해가 짧아 마음이 조급해졌다. 말만 듣고 처음 온 탓에 몇몇 사람은 그저 즐거움에 취해서 어쩔 줄 몰라 했다. 절벽에서 연중 푸르름을 자랑하는 천연기념물인 '송악'이라는 넝쿨식물을 소개해주고 저물어가는 형형색색의 단풍이 흐르는 물과 함께 비쳐주는 아름다움에 여기저기서 탄성을 연발했다.

나 때문에 좋은 구경을 하고 있어 고맙다고 하는 말에 마음이 흐뭇했다.

선운사 앞을 지나 600여 년이 된 멋진 '장사송'이라는 소나무를 살핀 후 도솔암을 거쳐 마애불을 보고 사진도 찍으며 공양을 하고 내려오니 더욱더 마음이 풍족함을 느낄 수 있어 상쾌했다. 일행은 선운사 경내를 돌아보며 다양한 형태로 꾸며놓은 국화들의 향기에 반해 스마트 폰에 멋진 작품들을 담고 출발하여 약속된 B식당에 도착하여 모두 식사를 하게 되었다.

밥상 위에는 세 가지나 되는 종류의 찌개에 푸짐한 돼지고기볶음, 맛깔스런 나물무침, 계란찜, 부침개까지 나왔고 준비해둔 공깃밥이 아니라 금방 새로 지어 김이 모락모락 나는 밥도 먹음직스러웠다. "와! 정말 맛있습니다."라고 이곳저곳에서 낯선 사투리로 칭찬을 하니 식당

아주머니들도 신나서 웃으며 더 주문하는 반찬을 즐거운 마음으로 짜증도 안 내고 계속 채워 주었다. 식사 도중 값이 1인당 6,000원이라는 것을 알고는 친구들의 눈이 휘둥그레지면서 정읍의 인심 좋고 맛있는 음식에 탄복했다.

저녁식사를 마치고 나오려는데 무뚝뚝한 기사님께서 자기도 이런 곳은 처음이라면서 내일 아침도 여기서 식사를 하면 안 되겠느냐고 물어 모두가 그렇게 하자고 주인과 약속을 하고 숙소로 돌아왔다.

지인이 운영하는 예약된 숙소에 도착해서 하루의 여장을 풀고 저녁의 여가 시간을 즐겁게 보낸 후 다음 날 아침 일찍 일어나 다시 그 식당으로 갔는데 어제보다도 더 맛있게 식사를 할 수 있어서 더욱 상쾌한 아침이 시작되었다. 먼 곳에서 온 옛 친구들이 연일 내 고장 토속음식에 만족을 느낄 수 있었다니 한층 더 흡족해졌다. 숙소에서 내장사 입구까지는 삼십여 리가 넘어 모처럼 단풍구경을 할 기회가 무산될까 봐 서둘러 관광버스에 승차하여 내장 호를 지나 제일 끝 주차장에서 하차했다.

매년 가을이 되면 먼 곳에서 오는 관광객들이 교통 및 일정의 사정으로 평생 말만 듣던 아름다운 단풍구경을 제대로 못하고 돌아가는 아쉬움이 있곤 하는데 이 친구들도 거의가 다 그렇다고 했다. 홍겨운 마음으로 함께 걸어서 매표소를 지나 경내 버스를 타지 않고 일부러 물 흐르는 계곡을 따라 일주문까지 걸어가는데 용케도 지난 번 비가 온 덕으로 물과 주변의 울긋불긋한 오색단풍과의 어우러짐이 참 보기 좋아 다행이었다.

불타는 듯한 단풍에 물들은 여러 봉우리(서래봉, 불출봉, 까치봉, 연지봉, 망해봉, 신선봉, 연좌봉, 장군봉)를 멀리서나마 사방으로 고개를 돌려 올려다보고 일행은 원적암 쪽으로 걸었다. 사랑의 다리를 지나 백련암에 들러서 모두들 다정스럽게 포즈를 취하고 사진을 찍으니 친구들의 표정이 참 해맑아서 멋있게 보이는 게 나를 또 한 번 미소 짓게 해주었다.

약속 된 시간에 매표소 입구에서 만나기로 해서 유달리 예쁜 아기 단풍부터 어른 단풍에 이르기까지 색의 삼원색 외에도 여러 가지 색깔의 단풍잎을 보면서 내려오는 사람들의 얼굴마다 기쁨으로 충만했다. 모두들 이곳에 정말 잘 왔다면서 유난히 고운 단풍나무 곁을 지날 때는 아쉬움이 많은 것 같았다. 버스에 승차하여 또 미리 예약한 시내 근처 A식당으로 가서 자리를 잡았다. 걱정도 팔자라더니 나는 또 "먼데서 오신 분들이니 특별히 우리 고장의 자랑을 홍보할 겸 잘 부탁합니다." 하고 넉살을 부렸다.

전날과 같이 이 식당도 종류만 다르지 저렴한 값의 떡갈비가 메뉴였는데 넓고 긴 상에 썰지 않은 묵은김치, 상추와 쌈을 쌀 수 있는 각종 채소와 고추, 그리고 된장과 적당히 익은 파김치부터 물김치에 갖가지 나물반찬에다 주 메뉴인 따뜻한 떡갈비에 김이 모락모락 나는 공깃밥이 등장했다. 그 친구들은 합창이나 하듯 "와! 우리 고장에서는 이렇게 먹으려면 이 가격의 세배 네 배 정도는 지불해야 할 거 아이가?" 라고 했다.

식사를 마친 친구들은 순창, 남원을 거쳐 자기 고장으로 간다면서 한 사람씩 악수를 하고 아쉬움을 남긴 채 버스에 오르며 나와 헤어졌다. 오래전부터 계획했던 대로 스무 살에 만났던 동기 친구들과의 의미 있는 여행을 이렇게 마무리했다. 그동안 전국 각처에서 우리 고장을 찾아와 관광하고 돌아가면서 칭찬도 많이 했지만 서운함을 토로하는 이들도 많았다. 그중 한 가지는 음식의 맛과 값에 대한 이야기였다. 특히 예전부터 사람들은 K지역에 가면 음식 먹기가 힘들다고도 했다.

나는 오래전에 그곳에서 생활해 봤으니 더 잘 알 수 있었다. 그러나 요즈음은 전국의 음식들이 거의 평준화 되지 않았나 하고 생각되기도 했다. 손님을 위한 따뜻한 마음과 친절에서 배어나오는 정성이 함께할 때 음식 맛은 좋아지기 마련이기 때문이다.

이번 여행처럼 착한 사람들의 마음과 맛있는 음식들이 비빔밥처럼 함께 어우러지듯이 우리가 사는 곳에 포근하고 '따뜻한 여행'이 많이 있었으면 하는 바람이다. 하얀 새 쌀밥에서 김이 모락모락 피어나는 모습처럼 여행은 누구에게나 감동과 설렘이 있을 것이다.

친구들과 어울려 많은 것을 시간 속에서 담아오기도 하고 여행지에서 보내게 되는 짧은 시간들이 지금은 사진으로만 남은 추억이 되었지만, 그 친구들과의 아름다운 여행의 여운은 가슴에 평생 남을 것이다.

4부 은빛 구슬

걸음마 | 금수저가 따로 있나 | 너 없으면 못 살아
눈시울을 적시게 한 노래 | 떡갈나무도 사랑을 안다 | 민어 한 마리
사랑의 코뚜레 | 순간적 치매 | 은빛 구슬 | 행운보다 노력이 먼저

걸음마

한 발 두 발 또 한 발, 옳지. 옳지! 잘 걷는다고 돌이 되기 전 걸음마를 배울 때가 좋았던 거 같다. 가족들의 칭찬하는 박수 소리가 초가집의 등잔불 주위에서 퍼져 나가던 때가 어렴풋이 떠오르기도 한다. 내 걸음은 그렇게 반복하며 많은 사람들의 사랑으로 뭉쳐 이루어낸 결실이라 생각한다. 한 걸음씩 앞으로 나아가는 모습에 기뻐하는 환호 속에서 자라고 커나갔을 것이다.

색다른 물건을 잡으러 가기를 반복하다 뜀박질까지 하게 되고 두 발로 걸을 수 있는 능력을 타고나서 만물의 영장이 되었으니 참 대단하다. 아장아장 걸어가다 망아지처럼 뜀박질을 하게 되면 진짜 사람이다 된 듯했다. 엄마의 따스한 품속에서 젖 먹으며 눈동자를 마주하다 쌔근쌔근 잠자기를 반복하고 신통하게 스스로 뒤집다 기고, 앉고, 서고, 뛰기까지의 과정은 본인과 주위 사람에게 무한한 즐거움과 희망을 주었을 테니까⋯⋯.

그렇게 성장하여 초등학교 운동회에서 달리기를 하여 노트나 연필을 상품으로 타고 달려가 부모님께 자랑스럽게 드리면 "내 아들이 최고야!" 하는 작은 기쁨을 함께 나누기도 했다. 두 다리로 걷고 뛰고 달리며 자전거도 타다 오토바이도 타고 자동차도 운전하면서 살아온 지 몇 해던가?

청년시절인 70년대 후반 어느 가을 날 한라산을 처음 갔을 때 멋있는 경관을 보고 감동되어 즐겁고 놀라움에 콧노래 부르며 백록담의 아름다움에 취해서 환호성을 질러 봤던 게 또 엊그제 같다. 그 후 20여 년이 지난 뒤의 겨울, 그곳을 찾아가 또 한 번 감동을 했고 많은 세월이 더 지나 예순이 넘은 나이로 눈이 많이 쌓인 한라산을 10명이 모여 정상을 등반하기로 한 계획에 동참했다.

출발 하루 전 가까운 등산용품 가게에 들러 아이젠과 모자, 스틱, 등산화 등을 사고 스패츠는 구입하지 않았다. 제주공항에 도착하여 6개월 전 남해에서 2박 3일 동안 함께했던 다정한 분들과 만났다. 공항에 도착하여 콜택시를 타고 제주도에 살고 있는 연수동기의 집 근처 숙소에 도착하여 여장을 풀었다.

드디어 출발의 시간, 이른 아침이지만 수많은 사람들이 가지각색의 화려한 등산복에 온갖 멋을 다부리고 오늘의 한라산 정상등정을 위한 희망 가득한 표정으로 대화하는 소리가 시끌벅적했다.

시대의 흐름에 따라 남녀 차별이 없어진 지 오래인 듯 등산객 중 거의 동수인 것 같은 느낌이어서 좋았다. 왜냐하면 서로가 정신적 육체적으로 건강해야 가정과 사회에서부터 국가가 발전하게 될 테니까……. 한참 가다 보니 해발 '1,000M'라고 바위에 새겨져 있어 많이 왔네 하고 혼자 뇌까리고 또 일행과 얘기하며 눈길을 싸그락싸그락 밟고 또 앞으로 나갔다. 쉬지 않고 왔더니 예상보다 20분이나 빨리 '진달래밭 대피소'에 도착해서 여유가 있어 모두들 기분이 상쾌한 듯 보였다.

해발 '1,700M'의 표지석이 보였다. 사람들이 하는 말을 들으니 12시가 지나서 도착하면 백록담에 가는 등정이 어렵다고 하였다. 대피소에는 정말 사람들이 많이 있어 건물 안에는 앉을 곳도 없고 밖에도 마찬가지로 편히 쉴 자리는 드물었다.

라면을 1인당 한 개씩만 팔기에 줄을 서서 구입하고 눈 쌓인 길가에 앉아서 김밥과 함께 먹으니 맛이 달랐다.

다시 출발하다 보니 온 산이 흰 눈으로 뒤덮인 이름 모를 나무들의 아름다움과 길 양쪽의 밧줄들이 눈에 파묻혀서 이따금 눈에 띄어 얼마나 눈이 많이 왔는지가 짐작이 갔다. 시간계획으로 봐서 오후 1시쯤이면 정상에 도착하겠지! 하는 마음이 홀가분하고 편해져 기분이 상쾌해졌다. 몇 해 전 높은 산을 왕복했을 때 별로 힘이 안 들었던 기억이 나서인지 자신감이 생겨 마냥 즐거움이 가득했다.

출발시간이 거의 같다 보니 조금 먼저 오른 사람들이 계속 내려오고 서로 조심하며 비껴서며 오르는 사람 내려오는 사람과의 신경이 많이 쓰였다. 그렇게 오직 위만 보고 스틱을 짚어가며 오르다보니 끝이 보였다. 정상에 도착하니 건너편은 온통 하얀 색깔뿐 백록담은 보이지 않고 안개 속에 잠겨서 시골의 들판 같은 느낌이 들었다. 하늘도 땅도 길도 나무도 모두 흰색이었다.

'한라산 백록담'이라고 새겨진 표지 석에 일행이 함께 모여 사진을 찍고 또 나 혼자도 한 장 찍고 가슴을 활짝 펴고 안도의 숨을 기쁨으로 흠뻑 쉬었다. 일행 중 마산에서 오신 L님이 산행에는 베테랑이라 처음부터 우리를 안내하고 앞에서 뒤에서 중간에서 보조를 맞춰주며 이끌었기에 참으로 고마웠다. 내려올 때는 조금 험하지만 관음사 쪽으로 가기로 하고 우리 여덟 명은 오르던 길과 다른 길로 하산하기 시작했다.

눈 쌓인 빙판길을 내려오는 것이라 조심해서 출발했지만 그래도 이젠 정상을 정복하고 내려간다는 성취감에 흐뭇하여 한결 기분이 좋아 가벼운 마음으로 또 걸었다. 10여 분쯤 내려왔을까? L님이 보이지 않는 것을 모두 다 의아해 하며 걱정이 되어 모두 멈추게 되었다. 눈꽃이 나무에 어울려서 너무 멋있고 보기가 아까워 사진을 찍다보니 여유가 있어 생각이 난 것이다. 전화도 받지 않고 모두 다시 올라갈 수도 없고 해서 하는 수 없이 두 사람이 왔던 길로 다시 정상을 향해 찾으러 갔다. 찾으러 간 사람들이 떠난 지 20여 분 뒤 전화가 되어 물어보니 만나서 함께 온단다.

이래저래 오랜 시간이 지체되었지만 모두 다시 만나 다행이었다. 이유를 물어보니 하시는 말씀! 어이없게도 맨 뒤에서 보니 모두 여덟 명인데 일곱 명만 내려가는 것을 보고 한 사람이 없어서 기다리고 있다

찾으며 정상에 올라갔단다. 자신은 미처 생각 못했다는 그 옛날 이솝이야기 '돼지소풍'을 떠올리며 모두 한바탕 웃고 내려오다 보니 장난이 아니었다.

이따금씩 만들어 놓은 계단을 내려갈 땐 많이 안 좋았다. 얼마 남지 않은 목적지를 향해 20여 분 동안은 무릎을 구부리지 않고 걸었더니 조금 편했다.

관음사 탐방로 안내판이 있는 널따란 주차장에 도착하니 안도의 한숨이 절로 나왔다. 미리 와서 대기 중인 렌터카에 몸을 싣고 산을 오르지 않고 기다리고 있던 두 명의 일행을 포함해 10명의 회원이 한바탕 신나는 파이팅을 외칠 수 있는 즐거운 한순간이었다.

장시간 겨울산행을 할 때는 세심한 주의가 필요하다는 것을 느낄 수 있었다. 아이젠 같은 것을 잘 챙겨야 하며 '돼지소풍' 때문에 시간을 낭비하지 않아야하는 것이다. 지나고 나니 웃음이 나오지만 작은 것이 큰 것이고 큰 것도 알고 보면 작은 것에서 비롯되지 않던가? 새벽부터 행장을 차려 등반을 시작하여 오후 해 질 녘에 도착했으니 장장 여덟 시간이 걸렸다. 평균 62세의 나이를 먹은 일행들이 대단하다고 말할 수 있겠다 싶어진다. 차를 타고 한 시간쯤 가서 '탄산 온천'에 도착해 따뜻한 물에 푹 담그고 긴 여정을 마무리하니 밀려왔던 피로가 다 가시는 것 같은 느낌에 스르르 잠이 오는 것 같았다.

이야기 꽃을 피우며 하룻밤을 더 보낸 후 다음 날 아쉬운 작별에 다가오는 여름의 만남을 약속하고 비행기로 군산에 도착하여 무사히 귀향했다. 내 발로 난생처음 험한 눈길을 걸어 한라산의 정상을 정복한 기쁨을 어떻게 비교할 수 있을까 하고 스스로 대견함을 느꼈다. 내가 태어난 해 섣달 열여드렛날 나를 낳아 걸음마를 가르쳐주시고 예순다섯 나이에 한라산을 간다니 걱정이 되어 잘 다녀오라고 부탁하시던 어머니의 마음이 통했나 보다. 걸음마를 시켜주시던 98세 어머니께서 마음으로 지켜주신 보살핌에 큰 고마움을 느낄 수 있었다. 함께해준 일행들과 고마움을 나누면서 자랑스러운 눈 쌓인 한라산의 장관에 다시 한 번 축복을 보내고 싶다.

금수저가 따로 있나

조용했으면 하는 바람인데 요즘 주위가 소란하여 영 재미도 없고 오가는 사람들의 표정도 어두운 것 같아서 내 마음도 왠지 스산하다. 금수저 들고 있다고 돼지들도 망둥이들도 제가 금수저인 줄 착각하고 사는 탓일까? 아버지가 금수저 들고 사니 저도 금수저라고 혼돈하고 사는것이리라.

오래전 어느 날 출근하려고 하는데 아홉 살 배기 막내딸이 "아빠! 선생님이 뿌리 찾기 숙제를 내주셨는데 우리 조상 중에 자랑할 만한 분이 누구세요?"라고 말하였다. 출근이 늦어서 빨리 출발해야 하기에 언뜻 생각나는 "유관순 할머니!"라 대답하고 서둘러 집을 나섰다. 퇴근

후에 선생님께서 칭찬해주셨다고 좋아하는 말을 듣고 '그래 너도 나중에 당차고 훌륭한 여성이 되었으면 좋겠다.'고 하며 속으로 웃었다.

어머님은 가끔 병원에서 생애기 낳게 했다고 작은 체구의 아이를 보고 안쓰러워 이따금씩 못마땅해 하셨다. 그렇게 아내에게 말씀하시던 어머님의 음성이 들려온듯하다. 그 딸이 태어난 시절은 아이가 세상에 나오기 전까지는 아들인지 딸인지 알 수 없었다. 어머니께서는 시골집 마루에서 인줄을 꼬아 만드시고 솔가지, 숯 더미와 함께 큰 바가지에 실한 고추 골라 담아 기다리고 계셨다. 그러나 내가 대문을 들어서며 "어머니 아들 낳았어요!"라는 소리를 둘째 아들 때처럼 안 하니 빨리 눈치를 채시고 말없이 바가지를 뒤로 감추시던 모습이 생생하다. 내게 딸과 아들이 있었지만 아들 하나 더 보고 싶은 욕심이 있었으리라.

딸아이는 유치원을 다닐 때까지 시골마을에서 개나리 진달래꽃 찾아다니다 뻐꾸기 노래도 들으며 가재와 송사리 잡고 물장구치며 보냈다. 초등학교를 도시로 와서 다니게 되었어도 정 많고 밝은 성격이라 작지만 아이들과 잘 어울리고 야무지게 적응했다. 어릴 적엔 합창부에서 노래 부르고 중학교 때는 현악반에서 활동을 했다. 고등학교를 집 근처 학교로 가겠다고 했지만 언니가 다녔던 학교라며 내 희망대로 J여고에 보낸 것이 지금도 못내 후회가 된다. 멀리 있는 학교를 다니려면 제일 먼저 차를 타고 제일 늦은 시간에 집에 와야 하는 어려움이 있었기 때문이다.

한창 성장하고 건강해야 할 때 나 때문에 힘들었겠구나 하는 미안한 마음이 지금도 들곤 한다. 그래도 위안이 되는 것은 어릴 적 산골마을에서 뛰놀던 저력이 있어서인지 체력검사에서 항상 상위그룹에 속했다. 봉사활동반에서 어려운 처지의 사람들을 찾아다니며 체험을 하는 것도 성격상 잘 맞는 것 같아보였다.

체격이 더 컸던 언니 교복을 불평 없이 물려 입고 다녀서 고마웠다. 3학년 때는 색이 변하고 낡은 것을 진학담당 선생님께서 보시고 교복 물려주기 덕에 고맙게도 다른 교복으로 챙겨 주셔서 잘 입고 다녔다. 당시에는 특별한 가정을 제외하고 각 가정마다 대부분 그랬지만 학원이나 과외를 받지 않고 학교공부만 할 수밖에 없었다. 다른 과목은 매우 우수하지만 수학과목이 약해서 걱정을 많이 하였다. 그래도 과외 한 번 시켜주지 못했다.

대학생활을 시작하며 1학년 때부터 풍물반에 들어가서 우리 부부도 모르게 산골 오지마을까지 와서 봉사활동을 하다 몸이 아파 고생한 적도 있었다. 또한 서울에서 내려와 집에서 멀지 않은 지역의 필봉농악 연수관에 와서 열흘이나 있다 간 것도 나중에 알았으니 고집 하나는 센 것 같아 염려가 되었다. 한때는 휴학을 하고 내려와 걱정을 했는데 다행히 본인이 태연하게 운전도 배우고 마음을 추스르는 당찬 행동을 하는 것을 보고 안심이 되었다.

그 뒤 억척스럽게 공부하고 국가공무원에 임용되어 잠시 근무하였다. 얼마 뒤 어릴 적 뿌리 찾기 숙제를 잘했다고 칭찬받은 덕분인지 유관순 할머니는 광복의 그날을 못 보고 돌아가셨지만 자기는 많은 사람에게 희망과 행복을 주겠다는 의지로 운명의 두 갈림길에서 모험의 다른 길을 선택하게 되었다.

학교를 다니면서 독종이라는 말을 들으며 두피가 떠서 말랑말랑해지는 것도 모르고 책과 싸운 덕에 여섯 학기 동안 전액장학금을 받으며 세 명에게 수여되는 우등상을 받으며 졸업을 하게 되었다. 집안형편을 알기 때문이었다고 생각하니 눈물겹도록 고맙고 대견하면서 미안한 마음이 들곤 하였다.

딸아이는 광역시의 법률구조공단과 노동청에서 어려운 사람들을 위한 공익활동 변론을 하며 힘없어 일을 하고도 임금을 받지 못하는 약자와 소외된 사람들을 챙겨주는 보람도 느꼈을 것이다. 이따금씩 도움을 받았던 사람들에게서 고맙고 감사하다는 말을 들을 때는 힘들고 어려워도 마음이 가벼워진다니 참 다행이다.

지금은 전국에 100여 명에 달하는 대한법률구조공단 변호사로서의 사명감을 가지고 국가와 국민의 복지를 위해 일익을 담당하고 있다. 미성년자를 비롯해서 말 못하는 사람, 어렵게 생활하는 노약자들에게 진심으로 다가가는 그 마음이 예쁘다. 조금이라도 희망과 꿈을 이룰 수 있도록 밤새워 노력하는 딸이 기특하기만 하다.

가정과 학교, 사회와 국가에서 흙속에 감추어진 수저를 찾아 금수저를 많이 만들었으면 좋겠다. 금수저가 따로 있나 제각각 있는 자리에서 금같이 빛나면 금수저지…….

너 없으면 못 살아

십여 년 전에 형제는 이렇게 숙명적으로 만났다. 눈물겹도록 아픔을 통해서 서로 헤어지려 해도 한시도 그렇게 할 수 없는 관계가 되어 버렸다.

어쩌다 밤에 서로 이별을 하고 지내기도 하지만 24시간 둘은 찰떡궁합으로 아끼고 사랑하며 의지하고 지낸다. 식사도 같이 하면서 말하고 웃으며 노래를 부를 때도 박자를 맞추며 다정하게 배려하며 우애를 다진다. 먼저 터 잡은 맏이와 새로 생긴 동생은 한시도 떨어질 줄 모르고 만나면 반가워 통사정하며 애교부리는 사이가 되었다.

언제 서로가 이별이라는 슬픔으로 서로 작별을 할지 모르지만 함께 살아갈 운명으로 둘이 너무 잘 어울려 다정하게 지내니 참 좋다.

스물 몇 해 전 늦가을에 중학교 때의 친구들이 선운사에서 만나기로 했다. 구입한 지 수 개월 정도 된 작은 승용차로 나보다도 키와 몸이 배 정도나 큰 친구를 태우고 약속장소에 즐거운 마음으로 도착하였다. 당시에 자가용이 하루하루 증가하는 시기였지만 나에게는 재산목록 1호나 다름없었기에 유달리 애착이 많이 갔었다. 기회 있으면 닦고 밤에도 행여나 누가 차를 어떻게 했나 살펴보는 소심함도 보일 정도로 애지중지하는 보물이었으니 말이다.

서울에서 온 친구를 비롯해서 넷이 반갑게 만나 즐거운 하루를 보내다 시간 가는 줄 몰랐다. 내 차로 함께 간 친구가 아침 일찍 물건을 받고 학교나 가게에 배달을 해야 하는 유통업 사장이어서 저녁식사 후 귀가하기로 했다. 그래서 나는 좋아하는 술도 못하고 참고 있었는데 다정히 지내며 얘기하다 보니 계획을 바꾸어 다음 날 새벽에 출발하기로 하고 숙소를 마련하여 주저앉게 되었다.

관광철이라 사람들이 대부분 찾아가는 노래방을 가서 놀다 보니 나도 술을 한두 잔을 한 후 상쾌한 기분으로 숙소에 돌아왔다. 그런데 아! 이걸 어쩌나? 덩치 큰 친구 놈이 내가 아끼는 승용차 운전석에 앉아 시동을 걸고 있지 않은가? 유난히 책임감이 강한 성격에 술이 많이 취한 마음에도 다음날 해야 할 일이 걱정되어 취한 행동이었다. 아뿔싸! 소중한 차가 어찌 될까 걱정되어 놀란 나머지 나는 달려가 그 친구를 조수석으로 보내고 운전을 하게 되어버렸다. 그때 차라리 심하게 말리고 출발을 하지 말았어야 했다고 지금도 후회를 하지만, 나는 괜찮겠지 하는 생각으로 일생 처음 큰 실수를 하고 만 것이다. 차라리 뒷좌석에 태웠으면 더 나았을 텐데 경험부족으로 좌우로 흔들거리는 덩치 큰 친구에 신경 쓰며 비 내리는 어두운 초행길을 밤중에 운전하는 바보짓을 하게 된 것이다.

시월 말이라 서울에서 내장산 단풍구경을 왔다가 숙소를 못 구하고 고창으로 오는 사람들이 탄 승합차가 성내파출소 근처 내리막길을 오고 있었다. 그 당시에 도로공사를 하느라고 길도 좁고 선운사에서 거기까지 오는데 거의 만나는 차가 없었다. 마음 놓고 룰루랄라 하며 전주로 가고 있었는데 꽝! 불빛이 번쩍하며 우당탕 팍 하는 소리가 들려 정신을 잃을 정도였다. 내 차는 오르막길 언덕 위로 가는 중이니 앞에서 오는 차는 볼 수가 없는 상태였다. 조수석에 탄 친구는 머리를 앞유리에 찧어 이마와 차 유리에 조금 상처가 나고 나는 안전벨트를 매지 않아 아랫니를 다쳐 손수건으로 감쌌다. 파출소에 들러 정신없이 이것저것 해결을 하고 합의금은 다음날 보내기로 한 후 가까운 종합병원에 들러 응급처치를 하고 나니 날이 밝았다. 전주에 도착하여 치과에 가서 아랫니 몇 개를 의치로 고정시키고 평상시와 다름없이 직장생활을 정상적으로 할 수 있어서 천만 다행이었다.

가족들에게 걱정을 끼친 게 정말 미안할 따름이었다. 나중에 안 일이지만 그나마 상대방과 내가 과속을 하지 않아서 그 정도의 사고였다고 했다. 이래저래 정신적이나 물질적으로도 내게는 정말 큰 손실을 가져왔다. 더구나 내 몸의 일부인 입안의 소중한 이를 바꾸어 두 형제가 만나 살게 되었으니 마음이 안 좋은 것은 당연했다. 그래도 모습이 변한 둘째랑 서로 만나면 반갑다고 하며 이렇게 십여 년의 세월을 잘 살고 있느니 칭찬 받을 만하다.

액땜은 제대로 했는지 오랜 기간이 지났지만 그 뒤 별다른 접촉사고가 없다. 그때 일을 생각하며 안전운전을 모범적으로 하는 나에게 함께 동승한 사람들이 이따금씩 너무 소심하고 답답하다고들 한다. 안전벨트 착용은 기본이고 운행 중 안전거리확보와 신호 지키기 및 교차로에서의 출발은 한 박자 늦게 주의하며 운행한다. 음주운전은 절대 금물이며 배려와 양보하는 마음으로 즐겁고 편안한 운전을 하는 데 노력하고 있다.

아무튼 우리네 인생도 언젠가는 서로 만났다 헤어지게 되겠지만, 나를 위해서 두 형제가 '너 없으면 못 살아!'라고 하는 것 같이 다정한 마음으로 살아가니 참 고맙다. 나 역시 그놈들을 잘 관리하며 "너희들 없으면 못 살아!"를 되뇌며 좋은 날들을 향해 열심히 살아보려 한다.

눈시울을 적시게 한 노래

손등이 눈가로 살짝 다가가는 노老 교수 한 분의 모습이 오래도록 기억에 남는다. 노래를 부르는 도중 내 시야에 보일 듯 말 듯 한 눈물이, 또 내 귓가에 가냘픈 음성이 들려오는 듯했기 때문이리라. 마음이 울컥해지며 열창을 하니 이곳저곳에서 비슷한 표정이 번져가며 조용한 침묵이 흘렀다.

반세기 전 남 · 여 200명씩 서로 만나 꿈을 안고 두 해 동안 배움의 터전을 수놓았다. 짧은 기간의 학창시절을 마무리하고 졸업장과 자격증을 받아들고 뿔뿔이 헤어진 후 스무 개의 나이테 계급장을 붙이고 만나게 되었다. 햇병아리 교사가 중간 닭의 교사로서 더 큰 날갯짓을 하며 재회를 한 것이다.

나 홀로 그 지역을 떠나와 천릿길 먼 이곳 고향의 학교에서 근무하면서 젊음의 스무 해가 바쁘게 지나갔다. 초등학교에 발령을 받아 아이들과 생활을 하면서 음악교육학과 2학년에 편입학하여 성악을 전공하고 중학교 교사로서 네 번째의 학교에서 근무했다.

그동안 소식을 주고받던 한 친구가 얘기를 했는지 10월 어느 날 '졸업20주년 전국동기 모임'이 있다고 연락이 왔다. 너무 먼 곳에 혼자 있어서였는지 그 소식에 참 반가웠다. 기다리던 날이 다가오니 왠지 들뜬 기분에 마음이 설레고 학우들의 모습들이 궁금해지기도 해서 기대가 커졌다.

그날이 되어 서둘러 준비한 후 버스에 몸을 싣고 수 시간 동안을 달려 J시에 도착했다. 택시를 타고 가며 차창 밖으로 오래 전 낯익은 풍경을 바라보니 감회가 새로웠다. 푸르게 펼쳐진 진양호 옆 산언덕의 커다란 호텔이 보이자 내 가슴이 더욱 두근거렸다. 승용차와 관광버스들이 색색으로 눈에 띄고 동기들로 보이는 사람들이 하나 둘 도착하고 있었다.

연회장에 들어가는 입구에 주최지역 동기들 몇이 접수를 하며 서로 친근하게 이름을 되새길 수 있도록 'J여자중학교 유종인'이라고 쓰인 명찰을 주어서 양복 왼쪽에 달았다. 많은 교수님들과 서울, 부산, 울산 등 각처에서 참여한 동기들이 삼백여 명이 된다고 해서 놀라운 마음이 들었다. 오랜만에 쌓였던 얘기를 나누던 중 음악과에서 함께 활동했던 친구들이 더욱 반갑게 찾아와서 손에 손을 잡고 흐뭇해했다.

학교를 다닐 때 음악과의 선후배 학생들은 매일 방과 후 합창과 합주를 하여서 다른 과의 학생들과는 달리 친근감이 더 깊었다. 행사를 시작하기 전에 언뜻 보니 교직을 그만두고 사업을 운영하는 사장도 있고 중·고교 교사도 여럿이 눈에 띄었다. 나는 학교를 다닐 때도 유일하게 타 도에서 간 사람이라 서로 다른 사투리를 사용하니 모두들 나를 뚜렷이 기억하고 있었다.

사회를 맡은 친구가 갑자기 내게 다가오더니 음악교사가 된 것을 축하한다며 교가를 지휘해주고 특별히 노래 한 곡을 불러줄 수 있느냐고 부탁을 했다. 덧붙여서 유흥시간에 지구별로 노래를 부를 때 다른 동기들과 함께 심사까지 맡아주기를 요구해서 얼떨결에 그러리라고 답을 하게 되었다. 고민이 생겨 막간을 이용해서 교가를 소리 나지 않게 불러보며 가사를 외우기 시작했다. 그것은 해결이 되었는데 이 많은 사람들 앞에서 어떤 노래를 불러야 적절할지 도무지 생각이 정해지지 않아 걱정이 되었다.

스물두셋 나이에 헤어졌다가 마흔 초반에 만난 동기들과 젊으셨던 교수가 노老 교수로 변하여 함께한 자리이기도 하니 더욱 마음이 무거웠다. 더구나 선배 기수들의 대표들이 다수 참석하고 즐비한 화환들이 가득한 분위기가 겁을 주는 듯했다. 식순의 마지막으로 교가제창을 할 때에 각자 악보는 손에 들었지만 오랫동안 부르지 않았으니 서툴러서 지휘하며 불렀던 내가 독창을 하는 셈이 되어버려 미안한 마음이 들었다.

식이 끝나고 사회자의 진행으로 모두 자리에 앉은 후 내가 노래를 부른다고 말하니 모두 박수를 쳐주었다. 무슨 곡을 부를까 곰곰이 생각하며 마음으로 정해 놓았던 송승교 작사, 이호섭 작곡 〈옛날은 가고 없어도〉 곡을 부르려고 단상 중앙에 섰다. 순간 내 자신의 옛날과 오늘의 느낌을 되돌아보는 갖가지 추억이 떠올랐다. 다행히 가사가 단순하고 짧아서 그래도 안심이 되었다.

10월의 끝자락에 선 가을 저녁 넓은 식장에 황홀한 불빛에 반사되는 화환들에 꽂힌 꽃들이 용기를 주는 것 같았다. 정 깊었던 많은 사람들의 시선이 한 몸에 비추이니 더더욱 마음이 긴장되지만 인사를 한 후 숨을 가다듬고 노래를 부르기 시작했다.

더듬어 지나온 길 피고 지던 발자국들 헤이는 아픔 대신 즐거움도 섞였구나.

옛날은 가고 없어도 그때 어른거려라 옛날은 가고 없어도 그때 어른거려라

그렇게 걸어온 길 숨김없는 거울에는 새겨진 믿음 아닌 뉘우침도 비쳤구나.

옛날은 가고 없어도 새삼 마음 설레라 옛날은 가고 없어도 새삼 마음 설레라

1절을 부르면서는 나도 몰랐다. 지금 내가 어떻게 노래를 부르고 있는지를……. 그런데 너무 조용해진 분위기여서 마음을 다시 가다듬고 바라보았다. 옛날에 한참 젊었던 교수님의 희끗해진 머리카락과 함께 눈시울에 손등이 오르내리는 게 보였다. 그 다음부터의 2 절을 부를

때는 내 마음속에도 눈시울을 적시며 불렀다. 노래가 끝나고 우렁찬 박수 소리를 듣고 감사의 인사를 한 후 내려오려니 오히려 어색한 마음이 들었다.

반갑고 기쁨의 환호성이 울려야 할 자리에 흥이 나는 노래가 아니었기 때문이다. 참석한 사람들에게 잠시 지나간 세월을 돌아보는 기회가 되었으면 하는 바람으로 자위하니 마음이 편해졌다.

늦은 시간까지 쌓였던 사연들을 주고받으며 유흥에 취하여 즐거운 시간을 보내고 모두들 깊어가는 가을의 밤을 지새웠다. 그 후로도 이십여 년 동안 그렇게 만나며 지내오다 하나 둘씩 퇴직을 하며 많은 날들이 지나갔다.

그 교수님과 우리 동기들도 수많은 제자들을 위한 삶에서 고달픔 대신 기쁨도 함께하고 어느 때는 믿음 아닌 뉘우침도 비추었으리라. 다시 그 노래를 불러보면 아마도 노老 교수님께서는 또 눈시울을 적시겠지……. 참 스승이 있어 참 제자가 생겨나는 배움의 아름다운 터전이 그리워진다. 옛날과 오늘이 만나면서 새삼 마음 설레는 좋은 날이 남강 물처럼 도도히 흘러갔으면 참 좋겠다.

떡갈나무도 사랑을 안다

지난 주말에 산에 다녀왔다. 두 시간 정도 걷다 내려오는 길에 '연리지'라는 안내문이 있었다. 두 나무가 하나처럼 서 있었다. 태풍으로 한 나무의 윗부분이 끊어졌고 이어진 나뭇가지 끝을 헝겊으로 동여맨 모습이었다. 영원한 효도, 우정, 사랑으로 상징되어 사람들의 눈길을 모았던 나무의 상처를 보니 마음이 편치 않았다.

약속된 점심시간에 쫓기어 빨리 걷다가 또 다른 나무를 보았다. 앞서간 사람들은 미처 못 보고 지나쳐 갔을 것이다. 신기해서 가까이 가봤다. 수종이 다른 두 나무가 붙어서 살고 있었다. 손바닥보다 더 큰 나뭇잎을 가진 떡갈나무와 아담한 잎을 가진 팽나무였다. 그 두 나무는 열매도 잎도 서로 다른데 뿌리까지 얽혀 있는 듯 보였다. 나무의 크기로 보아 몇 백 년은 한 집에서 함께 뿌리내리고 같이 울고 웃으며 모진 비바람을 이겨내며 살아왔지 싶었다.

결혼할 때부터 나는 욕심 많고 바쁜 사람이었으니 아내는 혼자 헤쳐가야 할 일이 많았다. 허가받은 신혼여행기간을 단축하고 학교로 출근했다. 결혼 사흘째 되던 날부터 아이들을 가르치고 오후에는 늦은 시간까지 고적대를 지도해야 했다. 교육대학시절 음악을 선택한 덕으로 다른 교사들보다 그 분야에 조금 앞섰기에 담당을 하게 되었지만 그 분야 전문적 지식의 부족함을 본인이 느끼며 혼자 힘겨워 하기도 했다.

한 해가 새로 시작되는 때에 멀리 떨어진 도시의 대학교 사범대학 음악교육과에 편입했다. 예능학과라 등록금이 많아서 큰 부담이 되었지만 아내가 나의 고민을 알고 결혼 패물을 처분해 입학금을 마련해 주었다. 지금도 그 고마움을 마음속으로 깊이 간직하고 있다.

결혼해서 부모님과 함께 학교에서 10여 리 떨어진 시골에서 생활했다. 나는 시내 큰 학교의 저학년을 맡아 가르치며 오후에는 합창반을 지도했다. 퇴근하면 하숙집에 들러 번개같이 식사를 하고 다시 학생 신분으로 학교에 가서 밤늦게까지 공부를 하는 힘든 시간이었다. 그때부터 다람쥐 쳇바퀴 돌 듯 가족이 가까이 있어도 가지 못하고 아내와는 결혼 4개월 만에 주말부부가 되었다. 밤이 되면 열 살이나 적은 학생들과 함께 늦깎이로 성악공부를 했다. 올빼미 같은 3년이 지나 서른세 살에 졸업을 하게 되니 대학을 5년 다닌 셈이다.

이제는 아이 둘의 아빠로서 부모님 모시고 아내랑 알콩달콩 살겠다고 마음먹었는데 그만 허사가 되고 말았다. 3월에 중등교사로 발령이 난 곳이 옛날에 귀양살이 갔다던 아주 먼 지역이었기 때문이다. 다시 주말부부가 되었는데 그나마 그곳 학교는 브라스밴드까지 있었으니 토요일도 막차버스를 타고 저녁 늦게야 시골집에 가곤 했다.

2년 후에 나 살던 고향으로 발령을 받아 결혼 후 연속 5년의 주말부부 생활을 끝내고 부모님 모시고 즐거운 생활을 하게 되었으니 그때가 제일 좋았던 것 같다. 막내 딸아이도 태어나고 일곱 식구가 오순도순 사니 마을에서는 우리 집이 제일 깨가 쏟아지게 산다고 동네 사람들이 부러워했다.

새로운 학교로 옮겨 근무하며 결혼한 지 10년 만에 아내와 아이들은 J시로 보내고 나는 부모님과 함께 살며 걸어서 한 시간 거리인 학교에 출퇴근하며 지내게 되었다. 내가 가는 길엔 가시밭길이 많았다.

같은 지역에서 일정기간을 근무하면 타 지역으로 학교를 옮겨야 하는 규정 때문에 여섯 해가 지난 뒤 도서벽지인 섬마을의 선생님이 되어서 또 다시 3년 동안 주말부부가 시작되었다. 아내는 시골에 계시는 노모께서 행여 걱정하실까봐 섬에 근무하는 것을 숨겼다고 했다.

다시 집 가까운 곳으로 전근을 와서 생활하며 많은 교직 동료들, 그리고 헌신적인 사랑으로 감싸주신 어머님과 아내의 뒷바라지로 승진을 하게 되었다. 교감, 교장이라는 직책을 받아 생활하며 오랜 기간의 여정을 잘 마무리하였다. 생각해보면 열두 해 동안에 소설 같은 이야기가 무수히 쌓였다. 아이들이 아플 때도 아내 혼자 지켰고, 어지간한 집안일은 말없이 혼자 챙겼다. 아이들이 탈 없이 자라서 제 몫을 하며 사는 것도 다 아내 덕이다. 주말부부의 세월이 너무 길었던 것은 모두 다 내 욕심 때문이 아니었나 하고 반성하며 뒤돌아본다. 그런 생활을 잘 견디며 나를 믿고 살아온 아내에게 미안하고 고마울 따름이다.

산을 내려오며 보았던 한 몸으로 어우러져 살아온 나무의 모습이 떠오른다. 어두운 땅속 깊은 집에서 힘든 날을 참고 서로 팔다리를 주무르고 의지하며 살아가는 그 사랑이 대견하다. 우리 부부가 만나 그런저런 세월을 지나 수많은 나이테를 만들어 왔듯이…….

민어 한 마리

민어탕은 먹어 봤어도 민어구이는 처음이었다. 다른 생선은 굽거나 탕을 해먹은 경험이 있지만 생소하게 구운 민어는 아주 맛이 있어 좋았다. 아내와 함께 자주 가는 마트에 가서 이것저것 골라 카트에 담고 다니다 조기 파는 코너에서 발이 멈췄다. 평소에는 고향에 다녀올 때 단골로 가는 수산물 상회에서 조기를 사다 먹곤 했는데 그날은 여직원의 권유대로 탕을 만들면 맛있다고 해서 민어를 샀다.

월요일이면 정기적으로 만나서 같이 운동하는 골프회원 20여 명과 모처럼 좋은 봄 날씨를 칭찬하며 오전을 보내고 점심을 간단히 먹었다. 저녁때쯤 시장기가 들어 아내가 들어오기 전 탕 대신 쉬운 방법으로 민어를 구웠다. 천천히 먹을 걸 급히 먹은 탓에 목 끝에 가시가 걸리고 말았다.

어릴 적 생선을 먹다가 그런 일이 있을 때 어른들께서 시키는 대로 김치 같은 것에 밥을 넣고 꿀떡 삼키면 그냥 넘어갔던 기억으로 그렇게 시도했지만 허사여서 난감했다.

병원도 문 닫을 시간이라 갈 수도 없고 참을 만도 해서 날이 밝기를 기다리기로 했다. 그러면서도 내일 가시가 잘 빼내질까 하는 걱정에 아내는 별 걱정을 다 한다고 대수롭지 않게 얘기하니 야속한 마음까지 들었다.

재작년 가을 성대에 이상이 있어서 노래 부르는 것도 중단하고 여러 곳의 병원을 다녔던 일이 떠올라 소심한 성격에 조바심이 더 생겼다. 이튿날 아침이 되어도 여전히 목 끝이 따끔 거려서 음식을 대강 먹고 내가 평소 신뢰하는 전문병원으로 서둘러 갔다.

예전에 여러 곳의 병원에서 성대의 작은 물혹을 전신마취하고 수술해야 한다고 진단했는데 이 병원에서는 약으로 치료해주어 항상 큰 고마움을 새기고 있었다. 당시 신식 의료기구가 다른 곳에는 구비되지 않았지만 J병원과 동일한 것이 있어서 편리하게 진찰할 수 있었기 때문이었다.

병원에 도착하여 내시경으로 목안에 옆으로 박힌 가시를 찾아내고 입안에 약물을 풍기어 부분 마취를 하였다. 침도 삼키지 않고 10여 분 뒤 목안이 멍한 상태에서 간호사를 포함해 두 분 의사가 기구로 빼내려 했으나 실패하고 말았다. 재시도를 해보다 안 되니 웃으면서

J병원에 가면 구부러진 기구가 있으니 가보라고 권했다. 염증이 생길까 봐 3일분 약을 처방해주며 며칠 지나면 혹시 내려가거나 없어질 수도 있다고 하여 께름칙한 마음이 나를 불안하게 했다.

약국으로 가는 짧은 시간에 어떻게 해야 할지 혼란이 와서 멍해지는 느낌이 들었다. 내 눈으로 모니터에서 목 끝에 가로로 박힌 흰 가시를 봤는데 어찌 기다릴 수 있나 하고 가보라는 병원으로 바로 가기로 결정을 했다. 처방한 대로 약을 받고 약사에게 사실 얘기를 하고 물어봤더니 친절하게 특진이 아닌 일반진료를 신청하면 바로 진료할 수 있다고 알려주었다.

찝찝한 마음으로 서둘러 집에 들러서 아내와 함께 병원에 도착하니 많은 환자들로 북적거려서 또 걱정이 되었다. 그래도 한 시간쯤 대기하다 진료를 받게 되어 다행이라 생각했다. 진료실에 들어가니 젊은 남자 의사와 간호사가 내 얘기를 듣고 그 전에 봤던 내시경인 가느다란 호스를 코에 넣고 박힌 가시를 찾았다고 말했다. 아직도 목안이 멍멍한 느낌이 들어 마취를 또 하느냐고 물었더니 아니라고 해서 또 한 번 잘 왔구나 하고 안심했다.

왜냐하면 목안에 약물을 분사시켜 마취하고 참는 시간이 고역이었기 때문이다. 혼자는 할 수 없는지 간호사와 서로 편한 표정으로 얘기하며 모니터를 확인하고 곡선으로 된 기구를 사용하여 가시에 접근하였다. 의사의 지시대로 간호사는 공갈이 생긴 기구를 누르고 둘이 합심하여 코를 통해서 바로 빼내서 보여주었다.

구부러진 2센티미터 정도의 하얀 가시를 보고 이게 나를 힘들게 했구나! 하고 고마움의 인사를 한 후 아내와 나는 빙긋이 웃으며 가벼운 발걸음으로 병원을 나왔다.

하루가 안 되는 악몽의 시간이었지만 이번에 경험한 목에 걸린 가시로 인해서 내게 많은 것들을 회상케 하는 계기를 만들어 주었다. 신체 일부에 박힌 가시는 빼낼 수 있지만 돌이켜 보면 그렇게 할 수 없는 마음에 상처를 주는 가시가 주변에는 너무 많이 있다는 것을 알았다.

지금까지 살아오면서 그런 가시는 시작에 불과하지 어디 그뿐이겠는가? 가족부터 이어지는 인간관계에서 말 한마디라도 잘못하여 사나운 가시가 상대방에게 깊이 박히게 될까 두려워진다. 생선 속에 있는 가시도 한때 고통을 주었지만 우리 마음속에 가시가 걸려 오래 지속된다면 얼마나 힘든 아픔을 줄 것인지 짐작이 된다.

내게도 아직 빠지지 않고 이따금씩 힘들게 하는 가시가 있어 언젠가 내 스스로 명의 같은 마음으로 빼내야지! 하고 다짐해본다.

확연히 나타나지 않지만 어디엔가 마음의 가시가 깊고 얕게 박혀서 빠지지 않고 크고 작게 고통을 주지나 않을까 걱정이 된다.

우리 스스로 명의가 되어 현명하게 치료해야 그 미운 가시가 없어질 듯하다.

사랑의 코뚜레

아내와 나는 저녁이면 날마다 열 장 깔고 여덟 장씩 가지고 7점에 스톱하는 돈 내기 열두 판 고스톱을 치고 있다.

일본에서 19세기에 들어왔다는 그놈의 화투로 인해 우리 생활에 얼마나 많은 희비곡절이 많았던가 하고 생각해본다. 요즘은 여성들도 간간이 큰 도박을 한다는 이야기가 들리곤 하지만 옛날에는 주로 남정네들의 놀이였다. 누구한테 배웠는지 뚜렷하지 않지만 어릴 적 오다가다 자연스레 등 너머로 배운 것이 몇 가지 된다. 민화투, 육백, 나이롱뽕, 짓고땡, 고스톱, 그리고 월남뽕까지……. 이 모두를 할 수 있는 게 대견하다. 삼봉은 말만 들었지 한 경험이 없어서 안타깝지만 이제야 배울 마음이 없다. 한 사람이 칠 땐 신수보기, 둘이는 육백, 나머지들은 여럿이 함께 놀 수 있는 손금 보는 게임이다.

오래전 긴 겨울밤 시골집 등잔불 밑에서 한 판만 더하자는 몇 살 더 먹은 형의 사정을 들어주며 칠띠다 용코다 하면서 쾌재를 불렀던 육백 치던 기억이 생생하다. 등잔 위 호롱불은 방 가운데 있고 남포등은 천장에 매달아 놓아 방안이 환해질 때 처녀총각 동그랗게 둘러앉아 원투쓰리와 나이롱뽕도 했다. 여기서 뽕, 저기서 뽕하고 바가지를 씌우는 것이 얼마나 신나고 재미있었던지……. 그 시절의 외양간 아궁이 속 구운 고구마 냄새가 그립다.

매일 밤 돈 내기 고스톱 판을 벌이고 열두 달 이런저런 얘기를 하는 아내와의 만남은 연애도 중매도 아닌 나의 독학으로 만난 사랑의 코뚜레였다.

누구인들 부부로 맺어진 사연을 늘어놓으면 흥미진진한 것이 없겠는가마는 세월의 뒤안길에 묻힌 추억은 참 재미있고도 우연이 아닌 것 같다. 첫 직장을 얻어 다섯 해의 총각시절에 지금 치는 고스톱 상대가 바뀔 뻔했던 게 몇 번 있었으니 말이다.

나보다도 키와 몸이 훨씬 큰 아가씨가 내 친척인 날씬하고 예쁜 친구와 함께 우리 집을 찾아왔다가 큰누님의 눈에 벗어났던 일이 첫 번째다. 같은 직장에서 잘 지냈던 한 사람은 목사인 오빠를 비롯해서 독실한 기독교 집안이었다. 서래봉을 손잡고 오르내리며 사랑의 꿈도 가꾸었지만 당시 왜 그렇게 기독교를 내가 반대했던지 지금도 이해할 수 없다. 그래서 오작교를 건너지 못한 것이 두 번째다.

세 번째는 할머니와 어머니, 이모와 함께 사는 처녀라 처가살이를 할 형편이 못 되어 파방이 났다. 별로 잘나지도 못한 총각으로 남들은 하나둘씩 결혼을 하여 잘 사는데 마음이 급해졌다. 이것도 인연이 아닌지 추운 겨울날 장성에서 오기로 한 처녀교사가 눈이 너무 와서 길이 막혀 오지 못해 어긋난 일이 네 번째다.

또 하나는 고모댁 며느리가 중매를 섰다. 정읍의 역전 근처 미곡상회의 딸이 참하고 예쁘고 아까운 혼처 자리라고 해서 겨울인데 방학 때라 말끔히 차려입고 눈 쌓인 길을 버스를 타고 나 혼자 읍내로 갔다. 그때는 밑져야 본전이라는 생각으로 약속된 11시에 터미널 앞에 있는 S다방으로 들어가 기다리고 있는데 감감 무소식이었다. 마음은 조급해지고 선보러 오는 듯 한 사람들은 안 보이니 괘씸한 생각이 나를 엄습했다. 그때는 상대방 전화는 모르고 중매하는 분은 내장산 가까운 아주 산골마을에 사니 그럴 수도 있었을 것이다. 나중에 안 일이지만 또 눈이 너무 와서 하루 한두 번 다니는 마이크로버스가 못 다녀 고모 며느리가 오지 못해서 그렇게 된 것이 다섯 번째가 되어버렸다.

순간 내가 잘 다니는 시내의 한 양품점이 생각났다. 누나의 친구와 언니가 가게를 운영할 때 자주 갔던 터라 주인이 바뀐 뒤에도 자주 들렀다. 그 전 주인한테 들은 이야기도 있고 많이 만나다 보니 서로 허물이 터지고 나를 신뢰하고 좋은 쪽으로 생각하게 되었다. 이따금씩 여러 번 좋은 처녀가 있다고 하면서 한번 만나보겠느냐고 했던 것이 내 머리에 떠오른 것이다.

때 빼고 광내고 온 김에 그 아가씨를 한번 보겠다는 객기가 발동했으니 이것이 숙명의 만남이 될 줄이야! 웃음이 나온다. 양품점 아주머니에게 공중전화를 했다. "여보세요! 저 유종인입니다. 그때 보여준다는 아가씨를 지금 볼 수 있어요?"라고 물어보니 알아본다고 해서 양품점을 갔더니 제과점으로 나오기로 했다고 했다.

전화를 할 때 선본다고 하지 말고 잠깐 보자고 하고 연락하라고 했더니 아니나 다를까 근무하던 복장대로 편하게 하고 왔다. 짧은 시간에 만나 대화했지만 왠지 싫은 생각은 들지 않고 편한 마음이 들었다. 아마도 어머님께서 평소 여자는 말이 적고 다소곳하며 건강해야 아들딸 잘 낳고 살림 잘한다는 말씀이 그날따라 나를 꼭 묶었는지도 모른다.

빵과 음료수를 마시고 간단히 얘기한 후 다음을 기약하고 다시 만나서 사귀다가 시월의 밝고 맑은 날 결혼을 하게 되었다. 이렇게 다정히 고스톱 판을 벌이며 살고 있는 우리의 만남이 정말 우연이 아닌 것 같다.

나와 인생 한판을 벌이려 했던 여인들은 경찰부터 목회자, 교육자들 그리고 사업가의 아내가 되어 잘들 지내고 있다는 소식을 종종 들을 수 있었다.

2년여 전부터 저녁이면 심심풀이로 이런저런 얘기를 하며 둘이서 고스톱 화투를 치기 시작했다. 어느 땐 내가 원하고 번갈아가며 하자는 대로 하다 보니 이젠 으레 저녁마다 단골 메뉴가 되어버렸다.

많이 치다 보니 둘이다 실력을 간파하여 도사가 되어 실수가 없는 한 피장파장 승부가 잘 나지 않는다. 그래도 서로 부담 없이 주머닛돈이 쌈짓돈이라는 생각이라 만 원을 잃으면 내일 머리 드라이 해야 하니 삼천 원만 달라고 하면 거절하지 않고 웃으며 주곤 한다. 1월부터 시작해서 12월까지 가려면 승부가 안 나는 경우가 있어서 제법 시간이 오래 걸린다.

치매방지도 되고 하루 동안 지낸 이야기도 하며 간식과 곁들여 보내는 시간이 우리에게는 그럴듯한데 남들이 알면 흉이나 보지 않을까 생각도 해본다. 막내딸이 하는 말이 " 엄마, 아빠! 고스톱 칠 때가 제일 다정하게 보이는 것 같아요 !" 그럴지도 모르겠다. 우리 사랑의 코뚜레가 만든 고스톱 판은 언제나 끝나려나? 아마도 이렇게 가다 보면 끝이 보이지 않을 것 같다. 코뚜레에 얽힌 두 사람의 인연이 쉽게 끊어지지 않을 것 같고 행복의 샘터로 계속 함께 가고 있으니 말이다.

순간적 치매

십오륙 년 전에 출근하며 중요한 서류를 잊고 가지고 오지 않아 당황하고 있을 때, 선생님! "순간적 치매시네요."라고 한 말이 생각난다. 그 때는 지금보다 한창 젊은 나이였으니 그런 말 자체가 나와는 무관한 것으로 알고 웃고 넘어갔었다.

2014년은 내게 큰 슬픔을 안겨준 한 해였다. 지금까지 부족한 나를 온갖 사랑으로 보살피고 지켜주셨던 어머님께서 내 곁을 떠나셨기 때문이다. 그래도 한 해의 마지막 날을 뜻있게 마무리하려고 아침부터 생각했지만 딱히 손에 잡히지 않아서 무엇을 할까 망설이고 있었다. 그러다가 날씨도 스산해서 집에서 쉬려는데 반가운 사람의 전화를 받고 바삐 주차장으로 갔다.

전날 저녁에 눈이 많이 온다는 예보가 있어 다음 날은 운전을 하지 않을 수도 있기에 차를 지하에 잘 주차해 놓았었다. 서둘러 차문을 열고 운전석에 앉은 후 시동을 걸어 출발을 하려다 보니 앞의 왼쪽 통로에 차 한 대가 가로막고 있어서 난감했다. 어느 쪽으로 갈까 머뭇거리다 그 차를 밀기도 어려울 거 같아 평상시와는 달리 오른쪽으로 핸들을 돌려 나갔다.

그런데 순간 '뿌지직, 쿵!' 하는 소리가 나서 깜짝 놀라 내려서 보니 내 차의 오른쪽에 바짝 붙어 주차된 하얀 소나타와의 접촉되며 난 소리였다. "음, 이것이 '순간적 치매'인가?"하고 오래전에 그 직원에게서 들었던 말을 생각하고 씁쓸히 혼자 웃으며 잠시 생각에 잠겼다.

올 해 마지막 날의 액 땜이라고 위안을 하면서도 영 마음이 편치 않아서 어떻게 할까 궁리하다가 다시 살펴봤다. 내 차는 앞 뒤 문짝이 많이 긁혔고 왼쪽 뒷부분까지 흠집이 났지만 다행히 상대방 것은 앞 범퍼만 벗겨진 상태였다. 경비하시는 분에게 현장을 함께 가서 보여준 후 차 주인이 전화를 안 받아서 내 연락처를 적어주고 집으로 들어왔다. 기다리는데 전화가 오지 않아 답답했다. "아니지, 내가 또 전화를 해봐야지." 하고 경비실로 다시 가서 물으니 연락했다고 하며 "차를 보고 전화하겠지요."라고 했다.

그래도 내게 특별한 한 해가 끝나는 날인데 작은 흠집이지만 상대방이 지금 보는 게 낫지 새해가 시작되는 첫날 보면 얼마나 기분이 나쁠까 생각되어 전화를 직접 했더니 연결이 되었다. 둘이 만나 접촉사고 상태를 보고 새해 첫날은 휴무이니 다음 날 오전에 만나서 보험처리로 범퍼를 교체해 주기로 하고 헤어졌다. 같은 아파트의 주민이고 내 나이 또래인 남자의 인상이 아주 좋아보였다.

무거운 마음이 홀가분해짐을 느끼고 올 해는 이렇게 액 땜을 하는구나 하며 안심을 하는 순간에 '어머니가 계셨으면 이런 것 까지도 마음으로 지켜주셨을 텐데…….'라고 어린애 같은 생각을 잠시 해 보았다.

한 해가 시작되는 첫날 상처가 난 부분을 쳐다보기 싫어서 보지 않고 여느 때와 다름없이 오전에는 뒷산에 다녀오고 오후에는 운동을 한 후 서둘러 돌아왔다. 다음 날 아침이 되니 펑펑 눈이 내리고 있어서 심난했지만 정해진 시간에 어색하게 만났다.

둘이는 내가 아는 가까운 곳의 카센터에 들러 보험사에 연락하고 두 대를 공업사로 수리하러 가져가는 것을 확인했다.

상대방 차주에게는 공업사 직원이 계좌번호를 물어보고 하루 비용 삼만 원을 입금해준다고 했다. 오래된 중고차에 범퍼도 새로 부착되고 적은 용돈도 생긴 셈이다. 반대로 나는 보험처리를 해도 자기부담금 이십만 원을 지불해야 한다고 해서 왠지 서운한 마음이 들었다. 그래도 사람이 다치지 않고 보험으로 해결했으니 다행이라고 위안을 삼으며 집에까지 함께 얘기를 나누며 걸어왔다. 일을 마무리하고 나니 처음보다는 서로 어색한 것도 없어지고 친근해진 느낌이 들게 되었다.

오후가 되자 수리한 차를 찾아서 가지고 왔다며 고맙다고 전화를 해주어 나는 잘했다고 말해주었다. 잠깐의 실수로 차가 없이 몇 날을 보내게 되니 왜 그렇게 가야 할 곳이 많이 생기는지 답답했으나 일요일이 끼어서 월요일 오후에나 나온다고 하여 기다리는 마음으로 체념했다.

요즘 유달리 건망증인지 '순간적 치매'인지는 몰라도 조금 심한 게 아닌가 걱정이 된다. 중요한 것을 서랍의 같은 색 물건 밑에 잘 두고도 찾다가 거기에는 안 놓았다는 고정관념에 사로잡혀 며칠을 찾아 끙끙대기도 했다. 그리고 카드와 주민등록증을 분실 신고하고 재발급받고 얼마 뒤에야 찾은 일도 있었다.

어디 그뿐인가? 열쇠를 손에 쥐고 주차장으로 가던 중 그게 없다고 다시 집에까지 올라가다 "아참, 여기 있네." 하고 혼자 멋쩍어하던 때도 한 두 번이 아니다. 시골집을 다녀오며 꼭 가지고 와야 할 물건을 빠뜨리고 삼십여 킬로를 달려오다 그때야 생각나 돌아가서 가지고 온 일, 겨울 긴긴 밤 시골집에서 수돗물을 틀어놓고 밤새 아까운 물이 나가는 줄도 모르고 잠을 잤던 일 등, 하나 둘이 아니다.

그러나 그것보다도 가장 중요한 것은 이따금씩 내 주변에서 일어나는 위험한 치매로 빚어질 것 같은 아찔한 순간들이다. 운전을 할 때 소심한 성격이라 평상시에는 룸미러와 백미러를 잘 살피는 편이다. 그런데 어떤 때는 다른 생각을 하다가 그것을 잊고 갑자기 차선을 변경하려다 하마터면 뒤에서 오는 차와 접촉되는 큰 사고를 낼 수 있는 아슬아슬한 경우도 종종 있었다.

집안에 가스 불을 끄지 않고 나왔나 싶어 되돌아간 적도 그 숫자가 제법 된다. 접촉사고를 낸 이번 일을 거울 삼아서 올 한 해뿐만 아니라 앞으로도 차분하고 침착하게 잘 살피면서 '한 박자 늦게 가야지.' 하고 다짐해본다.

은빛 구슬

“이천이백이십 개의 보석 같은 마음이 전해져서 매일 구슬 한 개씩의 마음을 열어 하루하루가 행복해졌으면 좋겠습니다.” 이렇게 적힌 쪽지편지와 함께 내게 온 정 깊은 선물과 같이 지낸 지도 어언 4년째가 되었다. 그녀의 손을 잡았을 때 느꼈던 따스한 감촉처럼 날마다 어디를 가나 오나 마주 잡고 정을 주고받는다. 응답이 없어도 서로 마주하며 함께할 때마다 이렇게 말을 하곤 해서 고마움을 느낀다.

‘신호를 잘 지키세요. 정지선을 넘지 마세요. 과속은 더욱 안 됩니다. 음주운전은 더더욱 큰일 납니다. 백미러와 룸미러를 잘 보고 차선을 조심해서 변경하세요.’라고 내 손에 전기를 통하듯이 계속 말을 하는 것 같다. 반가운 표정으로 "응, 알았어, 그렇게 할게." 하며 전에 보았던 자상한 모습이 아른거려 마음속으로 대답을 하고 운전을 하면 한결 마음이 즐겁고 편해진다.

바늘에 실을 꿰어 은구슬 하나하나 스무 개씩 이어서 일백열한 개의 줄로 꾸며놓은 핸들커버가 그녀를 대신해서 날마다 함께하는 반려자가 된 것이다. 가까이 있는 사람이나 물건 중에서 가장 많이 내 손을 잡아주는 게 뭘까? 하고 생각하니 단연코 촉감이 부드러운 은빛 구슬이다. 내 가족들과도 손을 잡아본 지가 그리 많지 않고, 날마다 몇 번씩 잡아보는 내 전용 은수저와 젓가락 두 짝이 그 다음 우선으로 꼽힐 것도 같다.

컴퓨터 자판기와 티브이 리모컨을 순서로 해서 책장을 넘기며 만지는 책과 만날 때도 있다. 또한 집안 청소를 할 때 사용하는 청소도구 등도 자주 내 손과 함께하기도 한다. 식사를 할 때마다 함께하는 수저와 젓가락이 '건강을 생각해서 천천히 잘 드세요.'라고 들리지 않게 말해주기도 하겠지만 하루에 세 번 정도일 뿐이다.

20여 분 거리의 운동하는 곳으로 매일 왕복을 하다 보니 그때마다 다가가서 서로 '굿모닝!'하고 인사를 한다. 목적지에 도착하면 미소 짓는 모습으로 '운동 잘 하고 와서 또 봐요!' 하며 짧은 작별이지만 아쉬운 마음을 담아 고운 목소리로 내게 속삭여준다. 운전을 하며 좌우로 돌려가며 골고루 만져주니 많은 은빛구슬들이 불평도 안 하고 나를 사랑해주는 것 같다.

어쩌다 장거리를 함께 가게 되면 더욱더 친근해져서 기분이 좋아 함께 불렀던 노래들을 다시 불러보며 신이 나서 씽씽씽 한결 기분이 좋아지기도 한다. 맑고 좋은 날씨에 흥겨운 마음으로 차에 올라 시동을 걸고, 밤새 나를 기다리며 외롭게 있었던 곱고 예쁜 연인 같은 초롱초롱한 구슬들이 손을 반갑게 잡아준다. '쌤! 잘 주무셨어요?' "응, 잘 잤어?" 하고 인사를 한 후 우리는 행여나 눈에서 멀어질까 다정하게 대화를 나눈다. 서로 손을 꼭 잡고 들리지는 않지만 내 마음속으로 중얼거리며 상쾌한 하루를 그렇게 열어간다.

날씨가 흐리다가 비가 오는 날이다. 우산을 쓰고 가서 문을 열고 의자에 앉아 또 다시 은빛 구슬의 손을 잡으니 내 젖은 손의 물기가 묻어 안쓰러운 마음에 수건으로 닦아준다. "어젯밤에 춥고 힘들었지? 밤새 네 걱정이 많이 되어 잠을 설쳤어!" 하니 '아니 괜찮아요. 이렇게 또 무사히 뵈니 너무 반가워요!'라고 한다. 이심전심 둘의 마음은 밝고 맑은 날씨가 되어 룰루 랄라 콧노래를 부르며 잡은 손이 놓아질세라 꼭 잡고 희망을 향해 달려간다.

우리의 따뜻한 사랑의 대화는 날마다, 달마다, 해마다 쉬지 않고 밤과 낮을 함께하며 살아가는 운명이 되었다. 그녀를 대신해서 어느 때는 잔소리같이, 언제는 다소곳하고 친절한 말씨로 얘기해주어 늘 고맙게 생각한다. 이제는 이 세상 어느 누구와도 비교할 수 없을 만큼 애틋한 정을 주고받는 부동의 내 짝이 되었다.

내가 할 수만 있다면 아무리 소중한 것도 모두 다 주고 싶어진다. 그가 내게 날마다 주는 사랑의 온정이 나를 날마다 행복한 삶으로 꾸며주며 이어갈 수 있게 해주니 말이다. 고마운 마음으로 조용히 눈을 감고 은빛 구슬을 생각하며 차분히 혼잣말로 읊조려본다.

아무도 모르리.

내 마음의 황홀함을, 기쁨을, 행복함을, 아무도 모르리. 그녀의 향기로움을, 달콤함을 따뜻함을, 아무도 모르리. 둘만의 속삭임을, 어울림을, 눈빛을, 아무도 모르리. 주고 싶은 내 마음을, 좋은 선물을, 열정과 사랑을, 아무도 모르리. 얼마나 그리워하는지를, 사랑하는지를, 소중히 여기는지를, 아무도 모르리. 언제까지 아끼고 싶은지를, 믿고 싶은지를, 간직하고 싶은지를…….

은빛구슬이 들려주는 "굿 나이트! 바이바이" 작별인사의 음성을 자장가 삼아 잠을 청하며 고운 꿈을 꾸어본다. 그녀를 향한 그리움이 희망이 되어 새 날의 행복한 세상 모습을 상상하며 이 밤도 스르르 잠이 든다.

행운보다 노력이 먼저

행운의 미소는 언제 오려나? 아니 노력의 결과는 또 어느 때나 올까 하고 번갈아 생각하며 살아온 인생길이다. 그러나 분명한 것은 어느 것 하나 거저 찾아오지 않는다는 진리를 깨달은 지 오래지만 한편으로는 막연히 굴러올 복을 기대하기도 했다.

날마다 걱정되는 뉴스가 늘어나고 물가도 계속 오르면서 조용한 날이 적어지니 사람들의 요행을 바라는 마음도 자꾸 커져가는 것 같다. 이따금씩 로또 구입에 따른 액수가 어마어마하다고 보도 되는 것을 보면 한 번에 일확천금을 기대하는 마음이 확산되는 게 안타깝기도 하다. 그렇지만 로또 판매금액이 불우이웃돕기에도 쓰인다니 이래저래 괜찮은 투자인 것도 같다. 한편 어느 운동선수는 백억 이상을 받고 활동한다고 하니 뭇 사람들의 가녀린 귀가 따가워질까 걱정도 된다.

퇴직하기 몇 해 전 친구의 권유로 골프를 시작하게 되어 지금까지 취미로 이어오며 강산이 한 번 변할 나이테를 그려 놓았다. 이 운동은 '매너와 에티켓'이 기본이라 말을 하면서 수많은 사람들이 접하지만 그렇지 못한 경우를 목격할 때가 많다. 연습장에서 묵묵히 예의를 지켜가며 열심히 하는 분은 언제나 존중을 받으며 생활한다. 필드에 나가서도 규정을 지키며 다른 사람들에게 지장을 주지 않고 바른 마음으로 임해야 좋은 매너와 에티켓을 지키게 되는 것이다.

비록 의상은 평범하고 골프클럽도 보통 정도이어도 운동을 즐기면서 함께하는 주위 사람들을 편안하게 해주면 더욱 인격적 대우를 받기 마련이다. 여러 홀마다 공은 자기가 치고 넣는 것이지 다른 사람이 대신 해주는 운동이 아니다. 정해진 타수에 한 번 적게 치고 홀에 들어가면 '버디'가 되니 기분이 좋고, 두 번 줄여 치면 '이글'이니 더 좋을 것이다. 하물며 파3홀에서 한 번 쳐서 홀에 빨려 들어가면 '홀인원'이니 얼마나 환상적이겠는가? 그러나 그것은 행운의 여신이 도운 것이라 할 수도 있지만 반대로 그동안 혼자만의 땀 흘린 노력의 대가가 숨어있는 것이라 여긴다.

착하고 작은 공은 말은 못 해도 거짓말은 하지 않기 때문에 골퍼가 평상심을 잃지 않고 때리고 밀어주며 안내 해주는 대로 조용히 홀 속에 들어간다. 그런데 어쩌다 성급하고 욕심이 지나쳐 자기가 공을 잘 못 치고도 화를 내곤 하는 사람도 목격한 적이 있다. 클럽을 던지거나 야한 농담도 모자라 도와주는 캐디에게 책임을 전가하고 예의에 어긋나는 행동을 하는 사람들이 종종 있다는 말이다.

골프는 심리적으로 아주 예민한 스포츠이고 동반자의 기본적인 매너에 따라 그날의 플레이가 즐거울 수도 아주 불쾌할 수도 있다. 에티켓은 정말 중요한 것이다. 요즈음은 동호회 비슷하게 맺어진 회원들과 걷기 운동 삼아 주로 캐디 없는 퍼블릭 골프를 즐기면서 한 달에 한 번 정도 정규 홀을 가기도 한다. 분명한 것은 어느 운동이든 우리가 살아가는 인생여정의 한 축과 비슷하다고 느껴지는 것이다. 목표를 정해 놓고 지나친 욕심은 화를 불러온다는 것을 생각하며 뚜벅뚜벅 한 걸음 한 걸음씩 걸어가는 자신과 경쟁하는 운동이기 때문이다. 이번에 잘 못 쳤으면 다음번에 잘해보겠다는 마음과 기회는 또 있으니 다 내 탓이요! 하고 생각하며 즐거움을 찾아가는 여유를 갖는 것이 중요하지 않을까 생각하게 된다.

구력은 짧은데 다른 사람보다 앞서가려고 무리한 욕심을 부리다가 신체부위를 손상시켜 오랫동안 고생하는 사람도 있다. 또한 싱글을 했으니 더 잘하려다 평정심을 잃고 잘못되어 평생 그 운동을 하지 못하게 되는 경우도 있다. 다른 사람은 아무렇지 않은데 스스로 마음을 이기지 못하고 망가지기도 한다는 말이다. 골프에 얽힌 한 기억이 이따금씩 생각날 때면 우리나라의 아름다운 남쪽 바다가 떠오른다. 파란 잔디위에서 마음을 기쁘게 했던 사랑스런 하얀 공이 지금도 보이는 듯하다. 갈매기의 노랫소리까지도…….

몇 해 전 늦가을 Y시에서 배를 타고 도착한 아름다운 K섬 J골프cc

에서 있었던 일이 아련히 떠오른다. 회원끼리 매달 조금씩 적립을 해서 한 해의 행사로 큰 맘 먹고 치르는 마지막 라운드 셋째 날 끝 홀이었다. 버디를 하면 상품으로 공을 받게 되는데 삼 일 동안 쉰세 번째 홀까지 버디를 잡지 못해서 마음 한구석에 아쉬움이 남았었다. 왜냐하면 같은 일행 중에 매번 상품을 받으면 공 하나를 주고받는 습관이 있어서 내가 그분께 이번에 버디해서 공을 꼭 드리겠다고 했기 때문이다.

그날따라 섬엔 강풍이 불고 있었다. 마지막 파4홀에서 티 위에 공을 얹어 놓으면 바람에 떨어지기가 반복되었다. 겨우 올려놓고 드라이브 샷을 날렸더니 멋지게 날아갔다. '오잘공'이라고 캐디가 웃으면서 소리 내어 치켜세우니 왠지 기분이 좋았다. 두 번째 우드 샷이 내 의도대로 잘 맞아 멀리 그린을 지나 떨어지는 듯 했으나 시야에 들어오지 않아 캐디도 가봐야 알겠다고 했다.

서둘러 가서 확인해 보니 내 공은 홀에서 십오 미터쯤 거리의 에찌(가장자리)에 걸려있었다. 그래도 같은 조의 네 명 중엔 제일 잘 올라와서 기분이 좋아 기대를 단단히 하며 순서를 기다렸다. 다른 분들의 그린 밖에서의 어프로치 하는 것을 본 후 '기회는 마지막'이라고 생각하며 신중히 퍼팅을 했다. "어! 반듯이 가네! 가까이 가네! 아! 들어가네." 캐디를 포함해서 모두다 탄성을 지르며 네 명의 손바닥이 하늘을 향해 부딪치며 하이파이를 외쳤다. 공이 티 위에서 흔들려 떨어지는 세찬 바람에도 마지막 홀에선 믿을 수 없는 선물을 내게 주었던 것이다.

그날 그때 섬 안의 왕이 된 듯 기뻐서 혼자서 마음속으로 바다 끝 멀리까지 외치고 있었다. "아! 이렇게 좋을 수가 있나? 이게 내 실력인가,

행운인가." 하고……. 그러나 그것은 행운이 아니고 나이테가 열 개 이상 그려질 때까지 연습장에서 공을 때린 횟수는 한 해에 십만 개는 더 쳤을 테니 그 수가 어디 상상이나 할 수 있을까? 하고 돌이켜 생각해봤다.

그 뒤로는 내 실력이 매번 파를 놓치니 '보기 남자'라고 비아냥거리는 소리도 듣고 어쩌다 '파'나 가뭄에 콩 나듯 '버디'를 하는 게 고작이다. 마음속으로 세 박자를 잘 맞춰 홀에 한 타수 적게 넣을 수 있었던 게 어찌 행운이라 할 수 있을지, 어느 피겨선수가 한 가지 기술을 완성하기까지 수백 번의 엉덩방아를 찧었다고 한다. 또한 세계의 골프 무대에서 국위를 빛내고 있는 여성 골퍼들의 꾸준한 노력을 우리는 매스컴을 통해서 보며 박수갈채를 보내기도 한다. 우리가 살아가는 아름다운 세상에는 요행이 아닌 노력 후에 찾아오는 행운이라는 것을…….

5부 누렁이가 목욕할 때

바람 난 씨암탉

오륙십여 년 전 시골 마을 지붕 용마름 꼭대기에서 홰를 치는 수탉의 꼬꼬 꼬끼오! 소리가 들리는 듯하다. 집안에서 함께 살아오던 많은 수탉과 암탉들도 하나둘 없어지고 새 봄이 되면 용케도 살아남은 수가 몇 마리 안 되었다. 기쁜 일 슬픈 일들의 틈바구니에서 알을 잘 낳는 암탉 몇 마리와 씩씩하고 때깔 좋은 수탉 한두 마리만 남아서 닭장을 지키게 되었다.

씨암탉으로 선발된 세 마리는 늠름한 수탉과 열렬히 사랑하며 2세를 탄생시키기 위해서 부지런히 알을 낳았다. 색깔과 생김새에 따라 쑥순이, 미순이, 덕순이라고 이름을 붙여주었다. 시새움하듯이 거의 매일 알을 낳고 꼬꼬댁을 외치며 힘차게 내려오곤 하였다. 어느 날부터 약속이나 한 듯이 둥지에서 내려오지 않고 꾹꾹꾹꾹, 꾹꾹꾹꾹 알 품는 소리를 내기 시작했다. 알도 낳지 않고 한두 개만 품고 병아리를 만들겠다고 말하는 것과 같았다.

의아하게 생각하고 있을 때 어머니와 아버지께서 "어두워지면 오늘 밤 알을 안겨야겠어." 저녁이 되어 사납게 부리로 쪼려는 암탉의 날갯죽지를 꽉 잡고 위로 들고 계셨다. 한참 동안 벗어나려 꽥꽥 하고 괴성을 지르다가 잠시 뒤 소리를 멈췄다. 어머니께서는 곡식이 담긴 바구니에 넣어 안방 아랫목 시렁 위에 소중히 보관했던 실하고 좋은 알을 조심스레 가지고 나오셨다. 먼저 열아홉 개의 알을 쑥순이에게 정성껏 놓으시고 날개를 풀어주니 꼭 새끼를 품은 듯이 꾹꾹꾹하며 털을 부풀리고 차분해졌다. 이어서 미순이 둥지에도 같은 숫자의 알을 안기고 흐뭇해하시며 내려오셨다. 사흘이 지난 뒤에 덕순이 둥지에는 더 많은 스물한 개의 알을 안겨주었다.

알을 안긴 지 스무날이 지났을 무렵 헛간의 둥지에서 가느다란 소리가 들려 가까이 가봤다. 어두컴컴한 밤 헛간 서까래 밑 동그란 두 개의 둥지에서 들릴 듯 말 듯 삐삐 삐삐삐 소리가 들렸다. 한참 후에 들으니 삐악삐악 삐악삐악 소리가 나니 신이 나서 좋았다. 발을 동동거리며 귀 기울이다 방 안으로 들어가 "어머니! 아버지! 암탉들이 병아리를 깠나 봐요!"라고 말을 하니 "응 그러냐? 내일 새벽에 병아리를 받아서 '닭의가리'에 넣어야겠구나!"라고 말씀하셔서 햇병아리의 모습을 생각하며 다음 날 아침을 기다리다 잠이 들었다.

언제 그렇게 일찍이 올라갔는지 높다란 초가지붕 용마름 꼭대기 위에서 꼬꼬 꼬끼오! 우렁차고 길게 나는 소리에 잠이 깨었다. 날이 밝아 둥지에 가까이 가보니 어미 닭은 행여나 병아리를 해칠까 봐 경계하며 털을 부풀리고 부리로 쪼려는 공격 자세를 취했다. 손을 대려면 사정없이 부리로 쪼아대며 소리를 내어 어른들이 병아리 꺼내는 일을 막았다.

두 분께서는 봄에 일어나는 경사라고 좋아하시며 쑥순이 둥지에서 한 마리 두 마리 병아리를 꺼내시며 흐뭇해하시는 모습이었다. 그 광경을 보는 것이 너무나 신기하고 즐거워 손뼉도 치고 발을 동동거리며 즐거워했다. 아버지의 굵직하고 힘센 손으로 날갯죽지를 붙잡고 어미 닭을 위로 들어보니 안겼던 알 중 두 개만 그대로 있고 신기하게도 모두 병아리로 변해 있었다. 날개가 잡힌 어미 닭을 마당에 미리 놓아둔 멍석 깔린 '닭의가리' 안으로 먼저 넣었다. 어머니께서는 여러 가지 색색의 귀여운 병아리를 미소 지으며 커다란 소쿠리에 담아서 내려오셨다.

옆에서 "엄마! 엄마! 어디 갔어요? 하며 애절하게 엄마를 찾아 울어대며 불러대는 삐악 삐악……." 소리가 더 커져갔다. 한 마리씩 조심스럽게 어미 닭 있는 곳으로 넣어주니 꼬꼬꼬꼬, 꼬꼬꼬꼬를 연발하며 사납게 털을 부풀리고 아기들을 반기며 품 안으로 숨겼다. 곧 조용해지면서 열일곱 마리 새끼들은 온데간데없었다. 모두들 겁이 나서 엄마의 품속으로 숨어버린 것이었다. 어쩌다 품이 비좁아 밖으로 내민 노란 부리와 까만 눈동자가 반짝이는 작은 머리를 보니 너무나 귀여워서 꺼내어 만져보고 싶은 마음이 들기도 했다.

한참 후에 같은 날 알을 안기었던 미순이 둥지로 가셨다. 암탉의 날갯죽지를 들고 두 분께서는 깜짝 놀라시는 표정을 지으셨다. 이상한 것도 잠시, 나도 가까이 가서 보고 내 눈이 휘둥그레졌다. "어?" 두 번째의 미순이 둥지에는 병아리가 딱 세 마리뿐이고 나머지는 모두 차디찬 알 그대로 있었기 때문이다. 스무하루 동안 귀한 알을 지극정성으로 보살피지 않은 어미 닭에게 돌이킬 수 없는 큰일이 벌어진 것이다. 평소 애지중지했던 알을 골라 같은 날 똑같은 수로 안겼기 때문이다.

순간 뭐라고 소곤거리는 것 같더니 결심한 듯 어두운 시간을 이용해서 세 마리 새끼를 매정하게 조금 전 내려놓았던 '쑥순이 닭의가리' 안으로 밀어 넣으시는 게 아닌가……. 그 속의 쑥순이는 자기 새끼인 줄 알고 꼬꼬꼬꼬 하며 반갑게 맞아 부리를 이용해서 품속으로 집어넣고 사방을 두리번거렸다.

날이 훤하게 밝아 오니 마당이 시끄러워졌다. 그동안 수탉 한 마리와 씨암탉으로 선택받지 못한 암탉들이 날이 밝아 신이 나서 푸드덕거리며 집안 구석구석을 누비고 있어서다. 세 마리의 아기를 빼앗긴 불쌍한 미순이는 새끼들을 찾아 꼬꼬꼬꼬, 꼬꼬꼬꼬를 반복하며 사방을 두리번거리며 울부짖고 다니는 게 너무 안쓰러워 보였다.

물과 먹이도 안 먹으며 새끼를 찾아 마당 한가운데 '닭의가리' 안에서 들려오는 삐악삐악 소리에 정신을 잃고 맥이 빠지는 듯 힘도 없어 보였다. 그런 속도 모르고 수탉과 암탉들은 자기들끼리 놀면서 힐끗힐끗 이따금씩 웬일인가? 하고 쳐다보며 울타리 밑을 후벼대기도 하고 잠 깨어난 벌레들을 맛있게 먹고 다녔다.

사나흘이 지난 후에 둥그런 '닭의가리' 속에서 모이와 물을 먹고 지내던 쑥순이네 가족 스무 마리가 바깥세상으로 나왔다. 그때 덕순이도 네 개의 알만 깨우지 못하고 열일곱 병아리를 데리고 나와서 '닭의가리' 안에서 편안히 지내게 되었다. 며칠이 지난 뒤 마당에는 쑥순이와 덕순이만 귀여운 병아리들을 데리고 신이 나게 이곳저곳을 돌아다니며 봄날을 즐기고 있었다.

진득하지 못하고 인내심이 적어 알을 거의 다 곯게 했던 바람난 씨암탉이 불쌍해 보였다. 새끼 찾는 것을 포기했는지 핼쑥해진 몸으로 다른 친구들과 어울려 다니고 있었다. 옆의 닭 친구들이 쑥덕거렸다. "몸매만 예쁘다고 뽐내던 미순이 바보야! 그러게 우리가 뭐랬니? 둘이는 둥지 안의 소중한 알들을 생각하며 배고프고 목말라 힘들 때만 잠시 내려왔다 돌아가서 알들을 정성껏 품고 살았는데……. 너는 어떠했니?" "시시때때로 내려와서 먹을 것 다 먹고, 놀 것 다 놀고, 어떤 때는 사내놈과도 시시덕거리며 오래오래 있다 갔었지? 그러니 벌 받은 거여! 이 바보야!" "네가 그리 할 때 추워서 힘들어 죽을 것 같다며 너를 한없이 기다리다 생명을 키워보지 못하고 울면서 불쌍하게 죽어간 애들이 불쌍하지도 않았니?"

"야, 못된것아! 더 말해 볼까? 그 둥지에 네가 낳은 알만 있었니? 우리가 애써 낳은 소중한 것들도 있었어, 선택받은 네게 우리 대신 힘들어도 꾹 참고 잘 품고 있다가 건강하고 예쁜 아이들 데리고 오라고 당부 했잖아! 그런데 세상에 그럴 수가 있어? 천벌을 받아도 할 말 없겠다." "그래도 할 말 있으면 말해봐, 저 남자와 우리는 열심히 일하고 알을 낳아주면 내년까지도 살아남을 수 있지만 네가 정말 걱정이다!" "이 집에 큰 잔치라도 벌어지면 너는 아마도 쓸모없다고 안 좋은 일도 생길지 모르니……. 참 안됐다. 쯧쯧!" 이렇게 닭들의 수군거리는 말이 들리는 듯했다.

그때 삐악거리는 병아리를 감싸 품고 잠시 마당 한가운데 앉아있던 쑥순이와 덕성스러운 덕순이가 덩달아 한마디씩 했다.

"철부지 미순아! 나는 내가 품은 알들이 행여나 추워서 잘 못될까 봐 스무하룻날 입이 아프고 발이 저려 와도 계속 품 안으로 굴리면서 죽도록 사랑했단다." 덕순이도 말했다. " 바보 같은 미순아! 나는 보물 같은 내 알들에게 먹이 대신 가슴의 털이 다 뭉개져 없어질 때까지 입이 닳아지도록 끌어안고 좁은 가슴의 체온을 골고루 먹여가며 병아리로 탄생시켰단다." "미순아, 나는 너를 잘 안단다. 원래 너도 얼마나 착하고 부지런하게 살아왔니. 어쩌다가 이번에 큰 잘못을 저질렀지만 앞으로 정신 차리고 처음처럼 잘 살아보기 바란다." 그러자 말없이 듣고만 있던 미순이의 표정이 주위의 친구들을 쳐다보며 하늘을 향해 뭔가 깊이 반성하고 뉘우치는 듯했다.

따뜻한 봄날 울타리 주변에서 새끼들을 힘겹게 키우느라 뒤뚱거리며 수척해진 두 어미와 새끼들의 노는 모습이 참 행복해 보였다. 이미 늦었지만 지난 일을 후회하는 '바람난 씨암탉' 미순이의 이슬 머금은 눈빛이 측은해 보였다.

달나라에서 온 동화

1960년대 초 두메산골마을에 스물다섯쯤 되는 박 씨 성을 가진 청년이 위로 누나와 아래로 여동생을 두고 부모님을 모시고 어렵게 살았다. 그 젊은이는 어려서부터 남의 집에서 일을 하며 잔뼈가 굳었지만 부지런하고 심성이 착해서 주인의 신뢰와 인정을 받았다. 부모님이 돌아가신 후 주인의 요구대로 일을 해주던 그 집으로 들어가 의식주를 해결하고 가족같이 생활하며 결혼도 하고 5남매를 낳아 길렀다.

세월이 지나 주인집이 서울로 이사를 가자 논밭을 대신 도맡아서 가꾸며 일한 대가로 받은 곡식과 돈을 모아 전답도 조금씩 장만하면서 아이들을 잘 키울 수 있었다. 그러다가 근처의 조그만 집으로 옮겨가 살았다. 청년은 윗마을에 돌같이 야무진 소년의 성장과정을 10여 년 동안 보고 지냈다. 그 소년은 어려서부터 '달나라에서 온 아이'라고 어른들이 놀려대며 부르기도 했다. 아마도 다른 아이들과 달리 유난히 작은 체구에 눈은 크고 늘 웃음을 잃지 않고 행동해서 그랬을 것이다. 그 소년은 어렵게 공부하여 후에 선생님이 되었다.

아버지가 된 박 씨 청년은 딸 셋과 아들 둘에게 귀가 닳도록 윗마을의 선생님 아저씨를 거울 삼아 꼭 그런 사람처럼 되라고 신신당부를 하게 되었다. 아이들도 부전자전인지 모두 착하고 성실해서 말을 잘 들으며 바르게 성장하였다.

둘째 딸이 서울에서 중학교 교사가 되니 큰딸은 여상을 나와 공장 생활을 하며 돈을 모아 야간대학을 나와 또 중학교 교사가 되었고 큰아들과 둘째 아들은 교대를 나와 부부 교사가 되었다. 막내딸은 최고 명문대약대를 나와 중앙부처의 사무관이 되어 직책에 충실하고 있다.

박 씨 청년이 거듭 말했던 윗마을의 선생님이 된 소년은 청소년의 학창시절을 눈물겹게 보냈다. 어느 때는 소 풀 뜯는 일꾼이고 자기 집에서 스스로 선생님 겸 학생도 되기도 하는 별난 삶을 이어갔다. 그러다가 몇 년 후엔 또 학생이 되어 가방 메고 학교를 다니는 행운도 누렸었다. 마을 사람들은 모두 다 자기 일도 바쁘다보니 그냥 그러려니 하고 지나치는 것 같았다.

그 소년에게는 기쁨과 슬픔도 있지만 환호와 희열이 함께하는 행복도 있었다. 그의 곁에는 학교를 못 다니고 주야로 책과 싸우는 아들을 지켜주는 너그럽고 인자하신 어머니가 계셨다. 그 당시 시골학교에서는 여자들은 아예 중학교에는 원서도 내지 않고 학업은 대부분 초등학교가 끝이었다. 다음해 열다섯 살 되던 해 소년은 우등생만 담임선생님이 원서를 써주는 지방의 명문중학교에 시험을 치르고 합격하여 어렵게 입학을 하게 되었다.

2학년 여름방학이 끝날 무렵 형님이 누나는 중학교 문턱도 안 밟았어도 검정고시에 합격했으니 너도 이 정도 다녔으니 그만 다니라고 했다. 학업을 중단하고 2학기부터는 집이 학교가 되었다. 하루 일과는 소 풀 베는 일과 이따금씩 혼자 마당에서 운동하고 잠자는 시간을 제외하고는 책과 씨름하는 일이었다. 그때가 1964년 동경 올림픽 때라 그런지 라디오에서는 농구 중계방송이 들려왔다. 마당가에 있는 키가 제일 큰 해바라기 꽃 머리에 새끼로 링을 만들어놓고 짚으로 만든 공으로 혼자 농구경기를 했다.

골방에서 공부하다 나와서 이따금씩 슛 골인을 외치며 운동도 하는 모습을 길가는 사람들이 보고 웃고 지나갔다. 그 모습을 아랫마을 박씨 청년도 보았을 것이다. 이따금씩 학교를 못 가니 어머니께 불평도 했지만 우시장에서 사온 바싹 마른 소를 살찌우려 풀을 베러 다니며 일을 끝내고 공부하기를 반복하다가 1년 반이 훌쩍 지나갔다. 열여덟 살이 되는 겨울 시내의 고등학교에 응시한 후 합격했지만 걱정이 앞섰다. 자기를 제외한 119명이 브라스밴드에 맞춰서 성대히 진행하는 입학식 현장을 교문 밖에서 본 후 허전한 마음으로 뒤돌아서 산길을 터덜터덜 한 시간가량 걸어 돌아와야 했다. 그리고 또 공부를 하며 봄날을 보내고 있었다. 그 뒤 소년은 우여곡절을 겪고 여섯 해가 지난 뒤 스물

셋 나이로 고향에 교사로 발령받아 근무하게 되었다.

당시에는 백여 호나 되는 세 동네에 공무원이 하나도 없었다. 자전거를 타고 아침저녁으로 출퇴근하고 1년에 당시 쌀로 마흔다섯 가마의 월급을 받는 교사를 보는 시골 사람들이 부러워하는 마음은 매우 컸다. 더구나 까까머리 소년이었던 선생님 아저씨는 학업을 멈추지 않고 교육대학을 나왔지만 사범대학교 2학년에 편입하여 3년을 더 다닌 후 학업을 마친 후 중학교 선생님이 되고 그 뒤 석사학위도 얻었다.

살면서 누구든지 힘들고 어려운 난관에 부닥칠 때가 있고 하늘이 무너진 것 같이 도저히 앞이 보이지 않는 벼랑 끝에 설지라도 포기하지 않으면 반드시 솟아날 길은 있다는 것을 느낄 수 있었다. 스스로를 달래고 받아들이며 위로하면서 완성되지 않은 그림처럼 까까머리 소년은 새로운 도전으로 몇 년 후의 모습을 기대하면서 또 얼마나 달라져 있을지…….

그렇게 고생하던 박 씨 부부의 자녀들은 부모님의 가르침대로 윗마을의 선생님이 된 소년을 거울 삼아 공부를 열심히 해서 네 남매가 의젓한 교육자의 길을 가게 되었다. 그들도 누군가에게 또 다른 동화 속의 거울이 될 것이다.

되돌아보며

봄인가 했더니 벌써 눈보라가 친다. 한낮이 되어 밝은 햇살이 소복소복 내리는 흰 눈과 어울리는 반짝임에 한층 포근하여 다행스럽기도 하다. 이어진 끈이 없어 한 해에도 거의 볼 수 없던 고향 친구의 전화통화로 새로운 소식을 알 수 있어 나를 되돌아보게 되었다. 몇 개월 전 사위의 당선을 위해 가까이 살고 있으니 홍보를 부탁하시던 또렷한 음성이 멀리 하늘로 떠났기 때문이다.

살아온 시대의 차이는 있었지만 같은 길을 걸어 온 인연인지는 몰라도 왠지 망치로 뒤통수를 맞은 기분이 오래 뇌리에 멈추고 있음을 알았다. 함께 살았던 마을은 사방이 산으로 둘러싸여 하늘에서 바라보면 우산을 거꾸로 놓은 것처럼 한쪽만 트여있어서 '우산 안'이라 부르기도 했다. 거기서 나고 자라 좁다란 산길 따라 새벽 밥 먹고 십리길 왔다 갔다 하며 중·고교를 거쳐 서울의 명문대학교의 역사학과를 나오신 그 지역의 전설적으로 불리신 분이었다.

수십 년간 많은 제자들에게 우리의 역사를 생생하게 가르치며 써내려간 분필자국이 참으로 많았으리라 짐작된다. 고향의 고교에서 근무하다 서울로 가셔서 20여 년 전 K지역 중심 학교에서 관리자로 근무하다 퇴직을 하셨던 기억이 난다.

명절 같은 때 이따금 만나면 위안과 격려를 아끼지 않고 챙겨주시던 그 모습이 내 발길을 잠시 멈추게 했다. 십오륙 년 연상의 그분을 생각하며 나의 미래 모습을 떠올려 본다. 지나온 많은 길들의 추억과 또 가야 할 날들의 희망을 생각하며 내 그림을 하나 둘 그려보고 싶어졌기 때문이다.

요즘은 누구나 건강과 자기만족을 위하여 시끌벅적 야단이다. 누구에게나 태어나서부터 일생을 사계절처럼 네 개의 큰 터울로 생각할 때 '춘·하·추·동'을 마음대로 보낼 수는 없다고 본다. 계절마다 가지가지 희로애락의 꽃을 피우고 마무리하며 반복되는 수많은 계단을 꿈과 함께 오르내리니 말이다. 물장구치고 산과 들에서 놀다가 집에서 "밥 먹어라!" 부르는 소리 듣고 달려가던 어린 시절도 있었다. 그러다 청년이 되어 직업을 얻고 사회생활을 제대로 시작하던 게 봄이었나 보다. 청춘시절 짝을 맺어 아들딸 낳고 물불 안 가리며 동분서주하다 정점에 다다르니 그때가 한여름이었나? 생각해본다.

오십 계단 넘고 올라와 뜨거웠던 여름날도 언제 가버렸는지 산들바람 살랑살랑 옷깃에 스며들기 시작한 지도 어느새 가을계단 속에 묻혀 지나온 뒷길에 서있는 것 같다. 벌써 늦가을로 접어드는 길목에 있는 듯하니 정성스레 수놓았던 형형색색의 내가 거닐었던 뒤안길들이 뚜렷이 기억된다. 한 계단 두 계단 예닐곱 개 더 오르다보면 늦가을도 다 보내주고 끝자락 스물다섯 남은 겨울의 꽃길 계단이 반기고 있으리라.

그 계단 끝자락까지 무사히 힘차게 미소 지으며 도달할 수 있을까? 그래도 아직은 남은 계단으로 셈 해보면 작은 사계절들이 제법 많이 남아있는 듯 하니 영근 씨앗을 많이 심고 거두고 싶다. 해가 뜨고 잠자리에 들 때까지 아내에게 함께 있어 고맙다 인사하며 하루를 시작하고 뒷산 길에서 오가는 사람들과 마주하며 자연에 감사함을 전하고 건강의 소중함을 느끼려 한다. 그동안 잊었던 많은 고마운 사람들을 차근차근 되찾아서 다정한 음성이라고 들으려 한다. 그리고 회포를 풀며 못다 한 사연들을 나눠봐야겠다. 알량한 재능이지만 진실한 마음으로 봉사하는 보따리를 풀어주려는 다짐을 해보며 사람들에게 편안함을 줄 수 있는 웃음 섞인 노랫가락 하나라도 선사해줘야겠다. 오랜 세월이 흘러가도 내가 남긴 참된 삶의 교훈 하나라도 느꼈으면 한다. 그 덕에 윤택한 생활의 밑거름이 될 수 있다면 얼마나 다행일까? 하고 욕심을 꿈꾸어 보니 왠지 어색하고 낯이 붉어지는 듯하다.

그렇게 되는 먼 훗날 내 발자국의 꿈을 만들고 싶다. “아! 이렇게 부족하지만 그래도 딴엔 잘 살아왔구나!”라고 되뇌며 밝고 맑은 하얀 은하수 길을 즐거운 마음으로 건널 수 있겠지! 멀어져 가는 메아리 소리 산기슭, 바다 기슭에 울려 퍼지겠지. 아주 조용히……. 산 넘고 물 건너 구름 꽃 피는 언덕 너머까지. 밝게 피어오르는 무지갯빛 보고 후회 없는 내 웃음을 지으리라. 걸어온 내 길을 되돌아보며…….

쉰 살배기 아이가 궁금하다

엄마의 포근한 안식처에서 평화롭게 미소 지었을, 지금쯤 쉰 살배기가 되었을 그 아이가 보고 싶다.

마을에서 산 고개를 넘어가면 대나무 숲으로 둘러싸인 재실이 하나 있었다. 아래 마당 옆에는 산지기 가족이 살고 있어 그래도 외로움은 덜했지만 그때의 겨울밤은 너무나 추웠다. 열여덟 살인 나는 재실 대청마루 옆의 작은 방에서 대학입학검정고시 공부에 열중하고 있었다.

매서운 추위와 바람이 창호지에 서릿발을 만들고 잉크병이 얼어 튀는 유난히 추운 날 이불을 둘러써도 머리가 차가웠다. 참다못해 뒤란의 대나무 잎을 긁어다가 불을 지펴도 아궁이가 높아서 소용이 없어 포기하고 참아야 했다. 젊은 혈기와 의지가 강한 탓인지 아니면 열심히 노력하는 마음을 갸륵하게 여긴 덕인지 감기몸살도 안 걸리고 겨울을 넘기고 뻐꾸기 노래하는 새봄을 맞이했다.

힘들었던 긴긴 겨울밤 아랫집 아주머니의 내 이름 부르는 소리와 그때 고구마며 누룽지가 들어있는 구수한 숭늉이 든 양푼이 생각이 난다. 나를 대견하다고 하며 잘 챙겨주셨던 그분들의 따뜻한 마음이 있어 오늘의 내가 있다.

산골짜기의 옹달샘에 가서 세수도 하고 따스한 봄 날씨에 온갖 새소리에 취해서 해찰도 하다가도 또 책과 씨름을 했다. 높은 곳에서 바라보니 먼 곳 파란 들판에는 빨간 스웨터를 입은 아가씨들의 보리밭 매는 모습이 보이곤 했다. 사월이 지나고 오월이오니 제법 날씨가 더워져서인지 쟁기질하는 사람들의 소 모는 소리가 이곳저곳에서 들려왔다.

만날 찾아가는 산 위의 커다란 소나무 밑에 납작한 돌을 책상으로 만들고 넓은 가랑잎을 모아다 방석으로 삼아 공부를 했다. 이따금씩 이름 모를 산새들이 내 동무가 되어주지만 그래도 내 마음대로 온종일 하루는 국어 공부, 어느 땐 영어……. 이렇게 9과목과 번갈아가며 동무하며 지냈다.

마을의 집에서 밥만 빨리 먹고 하루에 세 번씩 산길을 왕복하며 다람쥐 쳇바퀴 돌 듯 왔다 갔다 했다.

드디어 시험 날이 다가왔다. 한 시간이라도 더 공부하며 밤을 지새운 탓에 힘들었지만 점심을 서둘러 먹고 잘 다녀오라는 어머니의 음성을 뒤로한 채 욕심껏 책을 무겁게 보자기에 싸서 들고 집을 출발하였다. 아랫마을의 500여 년 된 큰 정자나무 아래서 잠시 쉬며 시험에 꼭 합격하게 해달라고 마음으로 빌고 힘찬 걸음을 또 재촉하였다.

읍까지는 십 리가 넘고 그곳에서 버스를 타려면 또 더 걸어야 하니 마음이 조급해질 수밖에 없었다. 한 권씩 펼쳐서 공부할 때는 무거운지 몰랐는데 걸으면 걸을수록 책이 무거웠다. 차라리 머릿속에 다 넣고 가면 빈손으로 갈수 있으련만 하는 안타까움이 느껴졌다.

촌놈이 버스 타본 지도 까마득하고 모든 게 낯설지만 차표를 사서 '전주'라고 표시된 커다란 직행버스에 올라탔다. 어디에 앉아야 할지 두리번거리다 신사 한 분이 앉아있는 옆 좌석이 비어 있어서 그냥 앉았다. 자갈길을 달리는 차가 덜커덩덜커덩 매우 요란스러웠다.

자리를 잡자마자 책보자기를 풀고 영어책을 꺼내어 공부하기 시작했다. 한참 그렇게 가고 있는데 옆에 앉은 분이 굵직한 목소리로 말했다. "청년은 무슨 시험을 보러 가는가?" "예! 대입검정고시를 보러갑니다!"라고 대답했다. 한참이 지난 뒤 그분이 또 물어보셨다. "잠은 어디서 잘 건데?" "여관이나 여인숙에서 잘 겁니다." 했더니 자기랑 같이 집으로 가자고 했다.

고급스런 양복에 손가락에는 크고 노란 금반지도 끼어있어서 부자인가 보다 하고 속으로 생각했지만 나는 대답을 망설였다. 순간 마음속으로 낯선 사람을 함부로 따라가면 안 된다는 얘기를 들은 적이 있기 때문이다. "모르는 사람을 함부로 따라가면 안 된다고 알고 있습니다."라고 했더니 허허 웃으시며 "나도 그렇게 공부했네!" 그러니 괜찮다고 하기에 왠지 믿음이 가서 그렇게 하겠다고 끄덕이고 함께 전주로 향했다.

가는 도중에 또 물으셨다. “앞으로 어떤 사람이 되려고 하는데?” “예! 선생님이 되고 싶습니다.” 했더니 “사내가 그렇게 포부가 작아?” 하며 실망하는 눈치였다. 한 가지라도 더 공부하려는 마음으로 책에 눈을 떼지 않고 보다가 터미널에 도착하였다.

택시를 함께 타고 내리니 K약국이라는 간판이 있는 건물 앞이었다. 문을 열고 들어가니 약국 옆에는 커다란 집과 아담하고 넓은 방이 있었다. 들어오는 남편을 반갑게 맞이하다가 만삭이 되어있는 부인은 자못 놀라는 표정이었다. 낯모르는 젊은이가 책 보따리 들고 종종걸음으로 따라 들어오고 있으니 아니 그러겠는가? 그러다가 신사 분께서 아내에게 다가가서 나직하게 뭐라고 말을 하니 바로 웃음을 지으며 나를 반갑게 맞이해주셨다.

방안에 들어가니 처음 보는 TV에 방안장식들이 내가 사는 시골마을의 환경과는 너무나 차이가 나서 놀라웠다. 또한 형형색색 화려한 호마이카 상에 차려진 음식을 보고 또 한 번 눈이 휘둥그레졌다. 아직 때가 아닌데도 싱싱한 오이와 토마토가 차려있으니 뭐가 뭔지 모르고 그냥 밥은 먹었지만 마음은 바늘방석 같았다. 산골짜기 재실 방이 더 편하다는 것을 새삼 느꼈다.

신사 분은 저녁 식사가 끝나고 길 건너편의 어느 집에 데리고 가서 하숙하는 고3 학생에게 나를 부탁하였다. 시험을 보러 온 사람이니 하룻밤 함께 지내라고 한 후 또 J대학교에 다닌다는 대학생을 불러와서 내일 아침 나를 시험장소까지 안내해주라고까지 하였다.

날이 밝자 찾아와 나를 데리고 집에 가서 아침식사까지 하게 한 후 시험 잘 치르라고 하시면서 대학생과 함께 떠나는 것을 아쉽게 바라보셨다. "정말 고맙습니다!" 하고 인사한 후 처음 보는 사람 뒤를 따라가서 부잣집 아들처럼 잘 자고 잘 먹고 편안한 마음으로 하루의 시험을 보게 되었으니 얼마나 다행한 일이었나 생각하였다.

세월이 많이 흐른 후 수소문해도 그분을 찾을 수가 없어서 안타까웠다. 며칠 전에도 지금쯤 여든은 넘으셨을 텐데……. 하고 연세가 많은 약사님이 계신 약국을 찾아가 여쭤보고 약사협회에도 그분의 존함을 대어도 알 수가 없어서 허탕을 치고 말았다.

어쩌면 그분이 약사가 아니고 키가 크고 흰 피부에 고운 얼굴의 사모님이 약사가 아니었을까? 하는 의구심이 생긴다. 왜냐하면 그때 그 신사분의 뚜렷한 성함을 대어도 없으니 말이다.

아마도 우리가 사는 동그라미로 된 세상에는 밝고 맑은 사랑의 씨앗을 조용히 뿌려주는 사람들이 있어서 희망의 불은 더 활활 타오르리라 믿어본다.

진정한 마음으로 남을 배려하고 사랑으로 감싸주는 아버지, 자상하고 상냥하며 우아한 어머니의 보살핌으로 태어나 잘 성장했을 것 같은 쉰 살배기 그 아이의 모습이 궁금하다.

작은 보물들

얼마 전 시골집에 가서 청소를 하다 내가 직접 놓아둔 상자 하나를 책상 밑 한쪽 구석에서 발견했다. 먼지를 털고 열어보니 100여 개나 되는 작은 보물들이 차곡차곡 쌓여 있어서 참으로 기뻤다. 그것들을 보니 밤낮으로 함께 지냈던 그 시절 혈기 왕성했던 청춘의 사계절이 수없이 떠올랐다.

그중 보물 하나를 꺼내어 살펴보니 1972년 칠팔월에 처음으로 인쇄되고 발행되었다고 적힌 S문고의 '한국문학전집'이라 적혀있었다. 그 100권이 내게는 너무나 귀한 존재였던 기억이 되살아난 것이다.

"이게 뭐지? 하고 열어보는 순간 "아! 세상에 너희들이 여기 있었어?" 하고 반가워서 한 권 두 권 번호대로 어루만져보았다.

이 책들은 그 당시 부산에서 큰 원양어업회사에 근무하셨던 누님께서 구입해 읽으시고 동생을 위해 내게 보내준 것이었다. 그때에는 농촌이라서 바쁘기도 하거니와 읽을 책도 변변치 않아서 누구나 좋은 책을 많이 읽을 수 없었다.

몇 권은 누군가 빌려갔다가 되돌아오지 못한 탓인지 찾아봐도 보이지 않아 조금 서운했지만 그래도 오랫동안 못 보다 만난 첫사랑의 연인과 마주한 듯 괜히 마음이 설레었다.

읽었던 것 중에 어머니의 한이 서린 아픈 마음을 잘 못 갚아나가는 연산군의 행적이 담긴 두 권으로 된 《금삼의 피》라는 책에 실린 내용은 긴장과 안타까움으로 얼룩져 지금도 기억이 생생하다.

이놈들의 생김새가 걸작이다. 덩치 크기는 가로, 세로 10여 센티미터와 15cm인데 그 안에 일천오백여 자의 원고지 분량의 글씨가 빼곡히 들어있다. 표지 얼굴은 빨갛고 밀과 보리 같은 잘 여문 이삭 30개가 보기 좋게 놓여있다. 그 다음에 없어도 될듯한데 턱 왼쪽 아래에는 '160원'이라고 그때의 도서가격이 점같이 선명히 찍혀있으니 참 앙증맞다고 느꼈다.

얼굴의 모습과는 달리 속마음을 들여다보니 글씨가 모두 세로로 되어있다. 너무 작은 책이라서 소지하기 편하고 가까이하기 쉬워서 항상 곁에 서 함께 밤잠 설치며 살았던 추억들이 새삼 그리워진다.

한 권의 보물단지 속에 수십 명의 사람들이 희로애락에 젖어 꾸며가는 상상 속의 이야기들을 어찌 다 기억할 수 있을까만 그래도 그때가 좋았다. 100권의 몸속에는 상상할 수 없을 만큼 수많은 주인공들이 웃고 울며 슬픔과 기쁨의 뒤바뀜을 번갈아가면서 살아온 흔적이 담겨져 있었기 때문이다.

읽으면서 등장하는 많은 사람들의 개개인에게 마음속으로는 꼭 내가 그 사람인 양 칭찬하고 박수치고 존경하며 함께 행복감에 젖은 적이 너무 많아서 기쁨으로 가득 차기도 했다. 또한 미운 놈 역할을 하는 주인공들에게는 주먹을 불끈 쥐고 분개하며 꿈자리까지 산란하여 잠 못 이루는 날들도 있었다. 그래서 이 보물 같은 작은 책을 다시 보니 매정하게 먼지 속에 쓸쓸히 있게 해서 아쉬움과 미안함이 새삼 느껴졌다.

이젠 새로운 임자를 찾아 세상에서 또 왁자지껄하게 한바탕 살아갈 수 있도록 해방시켜주려 한다.

그들과 친했던 덕으로 20대 초부터 나는 편지를 쓸 때는 누구에게나 언제고 세로로 글씨를 써서 보냈다.

우리 주변을 돌아보면 소수의 사람들은 독서를 많이 하고 있기도 하지만 많은 분들이 그렇지 못한 경우도 있다. 보기 좋고 값비싼 큰 책이나 작고 보잘것없는 책에도 같은 양의 내용이 들어있다.

돌이켜보면 내가 함께했던 귀여운 녀석들이 작지만 소중해서 나와 가까이하기가 편했다고 생각한다. 아마도 큰 책이었으면 쉽게 다 읽기가 어려웠을지도 모른다. 시간과 장소에 구애받지 않고 눕거나 앉고 서서도 불편 없이 대할 수 있었으니 천생 연분이라는 생각이 들었다.

독서는 다른 사람들과 무엇을 공유하기 위한 것이 아니라 공유할 수 없는 자기만의 세계를 쌓아가기 위함이다.

책을 가까이할수록 타인에게 상처와 아픔을 주는 일이 줄어들고 나를 돌아보는 시간을 통해 살아가는 동안 무엇을 하며 사는지를 알게 될 것이다.

책과 접하기 어려운 시절에 내 머리를 상상의 얘기로 꽉 채워준 작은 보물들에게 새삼 고마움을 느낀다.

누렁이가 목욕 할 때

가을이 시작되는 날이어도 여름을 더 붙잡고 싶은지 매미 소리는 이곳저곳에서 요란하게 들려온다. 유난히도 큰 눈을 가진 내 친구 같은 누렁이를 맑은 냇가의 풀숲에서 목욕을 시키는데 왠지 눈에는 이슬이 맺혀있다.

교정에는 아이들의 떠들어대는 소리가 요란한 가운데 정해진 시간은 잘도 지나간다. 학교가 끝나면 언제나 누렁이와 함께 지내던 작은 새는 중학교시절 한 해 반을 넘기고 불편함을 끝낸 후 억지로 새장 밖으로 나와 훨훨 날아다니게 되었다. 갑작스런 이별의 아픔으로 외로움은 컸지만 누렁이와 언제나 같이 얘기하며 지내니 그것도 다행이었다.

또한 엄마 새의 지극한 보살핌과 사랑으로 감싸주는 포근함에 위안이 되었다. 함께 어울리던 크고 작은 새들과 다양하게 생긴 어른 새들도 볼 수가 없었다.

간섭 받지 않고 자고 싶을 때 자고 공부하고 싶으면 알아서 하면서 하루하루를 보낼 수 있으니 얼마나 자유스러운지 모른다. 그러나 갑자기 홀로 살아가는 나날들은 너무 힘들었는지 씁쓸한 마음을 스스로 달래곤 한다.

그에게는 벙어리같이 말은 못 하지만 잘 대해주면 고개를 흔들어 고맙다 하고 꼬리를 살래살래 흔들면서 좋아하는 녀석이 있어 다행이었다. 더구나 커다란 눈망울이 나를 볼 때면 내게 용기를 주곤 했다. 꼭 이렇게 말하는 듯이 "조금만 참아, 내가 너를 위해 밥도 잘 먹고 살도 더 찌고 열심히 살아줄게." 하며…….

누렁이와 작은 새는 아침부터 저녁까지 헤어지지 않고 붙어 다니며 매일 그렇게 함께 살아간다. 집안에 혼자 있게 하고는 들판 여기저기를 헤매며 누렁이의 배고픔을 달래려 풀들을 모으러 다니다 지쳐버리지만, 그래도 꿈이 있어 혼자 재잘대며 책과 싸워본다.

어김없이 또 날은 밝아오니 부스스 눈을 뜨고 일어나 밤새 잘 지냈는지 그놈부터 찾아보는 게 하루의 시작이다. 누렁이의 온몸을 살펴보며 안심한 듯 반갑다고 엉덩이를 툭치며 서로 빙긋이 웃는다. 속도 없이 또 꼬리를 흔들고 발을 구르며 밖으로 어서 나가자고 고개까지 사방으로 흔드는 게 참 귀엽다. 자꾸자꾸 나보다도 힘이 세지니 다루기가 힘들어지지만 줄을 가만히 잡아도 맨날 가는 들녘이라 알아서 잘도 간다.

착한 친구를 위해서 제일 좋은 자리를 잡아 말뚝을 박아 놓고 낫을 들고 꼴을 베어 구덕에 가득 채워 들쳐 메고 집으로 간다. 그리고는 자기가 만들어놓은 새장 안으로 들어가 조용히 생각을 하며 아홉 권의 책과 싸움을 하니 "어? 벌써 이렇게 됐나." 하고 벌떡 일어나서 헐레벌떡 들로 나간다. 저만치서 나를 바라보며 왜 이제야 오느냐고 하는 듯 또 꼬리를 흔들면서 그래도 반갑다고 고개를 젓는 게 나를 더 미안하게 했다. 그늘지고 먹음직스런 풀이 많은 곳에 다시 쇠말뚝을 옮겨 다시 박아놓고 물을 떠다 먹여준 후 다시 "나, 집에 간다." 하고 되돌아온다.

저녁나절이 되어 해가 서산에 질 무렵이면 이제는 새와 함께 누렁이는 나들이를 가는 시간이다. 한손엔 코뚜레에 매어진 줄을 잡고 또 한손엔 영어단어장을 들고 이길 저길 들녘을 누비며 양쪽 배가 통통해질 때까지 돌아다니다 어두워지면 함께 돌아온다. 그리고 또 "내일보자."하고 서로의 보금자리로 간다.

11월도 중순이 되어 첫눈이 내리던 어느 날 시골의 작은 새는 같은 마을에서 지내다 멀리 떠나가 둥지를 튼 큰 새를 찾아가 하룻밤을 보낸 후 시험을 치르고 집으로 돌아와 누렁이와 마주쳤다. 그새 못 봐서 서운했는지 고인 눈물을 나에게 보이며 반갑다고 인사를 한다.

한 해가 훌쩍 지나고 또 가을의 문턱이 되어 다정했던 그놈이 많이도 커서 뚱뚱하고 털빛도 반지르르 어른이 되었다. 운명의 날이 다가오는 듯 닷새마다 열리는 우시장에 가야 하는 처지가 된 것을 알았다.

어릴 적부터 그런 일은 여러 번 봐왔지만 이번만은 많이 달랐다. 서로 의지하고 위로하며 비바람 맞고 걷고 달려온 날들이 얼마나 많았던가? 내일이면 내가 직접 줄을 잡고 앞에서 끌고 가야 한다. 만날 다니던 길이 아니기에 스스로 앞장서서 가지 않을 테니……. 마음이 몹시 아파왔지만 어쩔 수 없다. 내 힘으로 이별을 막을 수가 없는 것을 서로가 잘 알고 있기 때문이다.

자기의 닥쳐올 처지를 아는지 풀숲 위에 얌전히도 서있는 누렁이에게 수대에 물을 가득 담아 가까이 간다. 물을 뿌리며 쇠 빗으로 딱지를 떼어내고 얼굴도 빗어주고 몸단장을 시켜주니 더 예쁜 신부 같았다. 그러나 자기도 아는지 커다란 눈망울에는 또 이슬이 맺혀있어서 내 마음이 안 좋았다.

그러면서 처음으로 나에게 이렇게 말하는 것 같아 조용히 들어보니 "친절한 작은 새 친구야! 나는 내일 네 곁을 떠나지만 항상 너와의 정을 잊지 않을게, 게으름 피우지 말고 공부 열심히 해서 꼭 성공해."라고 하는 것 같았다. 집으로 돌아오니 아버지께서 소의 머리부터 얼굴을 감싸주는 짚으로 된 장식물을 새로운 것으로 바꿔 치장하니 더욱 의젓해 보였다.

다음 날 시장에서 팔려가는 누렁이의 뒷모습을 보고 차마 발이 떨어지지 않았지만 세 고개를 넘어 집으로 오는 십 리 길은 정말 멀고도 먼 거리였다.

또 닷새가 지나고 삐쩍 마른 낯선 작은 누렁이를 외양간에서 만나니 새롭게 정 붙이기가 힘들었다. 어쩔 수 없이 또 숙명인지, 운명인지 외로움을 달래는 친구가 되어서 새로운 희망을 품게 되었다. 작은 새도 누렁이의 눈물이 헛되지 않아서 넓은 세상에서 행복하게 살고 있다.

아카징키

뙤약볕 반짝이는 좁은 논두렁길을 검정고무신 철떡거리며 아이는 신나게 뛰어간다. 앞서거니 뒤서거니 책 보따리 둘러메고 또래 아이들이 줄지어 간다. 좋아서 달리다가 넘어져 친구가 발라준 가짜 빨간약 때문에 너무 아파서 울었던 기억이 생생하다. 두 번째 고개를 넘어가면 사방의 동네에서 까까머리, 단발머리 친구들이 하나 둘 모여드는 학교가 있기 때문이다.

나이 들어서야 그때는 어쩔 수 없이 그렇기도 했겠지 하고 고개를 끄덕거렸지만 그래도 한 학급 학생 수 치고는 너무 많았다. 전쟁 통에 학교가 불이 난 탓에 부족한 교실 때문에 반 편성을 그렇게 하였는지도 모른다. 일정시대에 결혼하고 해방되어 만세 부르며 몇 해 지내다 또 난리가 났으니 어른들에게는 많이 힘들었던 시절이었다.

두메산골 마을에 갖가지 질병도 많은데 변변한 의료 시설도 미치지 못하여 이집 저집에 금덩이 같은 어린 생명을 잃고 통곡하는 안타까운 울음소리도 들리곤 했다. 한국전쟁이 멈추고 몇 해가 지났을 때 앞마당 병아리들이 개나리꽃 찾아 봄나들이 가듯 우리들도 코 흘리며 학교에 들어갔다. 전쟁 통에 많은 교실이 불타 없어지고 몇 개만 남은 곳에서 공부를 하게 되었다.

봄부터 찬바람이 불어오기 전까지는 야외의 천막 아래에서 또는 옆산 큰 소나무 밑에서 납작한 돌을 책상 삼아 공부를 해야 했다. 그렇게 하다 보면 땅바닥에서 개미들이 옷 속으로 기어들어와 "앗 따가워!" 하며 이곳저곳에서 소리를 내는 진풍경이 벌어지기도 하여 함께 웃었다.

늦가을에는 교실을 반으로 칸막이를 하고 학생들을 모아놓고 가르쳐주었다, 우리 학년은 두 반이었는데 한 학급 학생 수가 일흔다섯 명이나 되었다. 아마도 교실이 없어서 두 반으로 만들었던 것 같았다. 그래도 학교라도 다니는 애들은 큰 다행이었다. 어느 집 아이들은 생활형편 때문에 학교도 못 다니는 경우도 많았다. 많은 학생들이 맨 바닥 마루판에 앉고 엎드려서 공부를 하니 선생님도 우리들도 정말 힘들었다. 몇 해 뒤에 학교건물도 새로 지어졌고 책상과 걸상이 모두 갖춰져서 모두들 신나게 소리치던 날도 있었지만…….

코흘리개 초등 일학년 때의 물장구치며 놀던 때의 울고 웃던 한 장면이 떠오른다. 마을과 학교를 오가는 거리가 오 리는 되었는데 좁은 논둑길 주변에 크고 작은 방죽이 세 개 있었다. 크기와 생김새가 달라서 이름 붙여진 동글샘, 개알샘, 쇠샘이라 불리는 서로 다른 특징을 가진 우리들의 여름날 땀을 식혀주던 놀이터였다.

동글샘은 십여 명이 함께 멱을 감을 수 있지만 물이 미지근해서 재미가 없어 인기가 없었다. 기다랗게 생긴 개알샘에는 물자반과 거친 물풀들이 많고 어느 때는 독이 없지만 무자수라고 불리는 물뱀까지 있어서 그곳에서는 거의 멱을 감지 않았다.

그중에서 크고 작은 사내아이들이 구정물 뒤집어쓰고 어쭙잖은 다이빙까지 하며 즐기는 곳은 쇠샘이었다. 바닥의 모래가 보이고 물이 너무 차서 한번에 발가벗고 들어가면 경기가 날 정도였다. 무더운 여름날에는 추워서 입술이 파랗게 될 때까지 들어가고 또 들어가며 노는 최고의 풀장이었다.

좁은 두 방죽은 경쟁하듯 퐁당거리며 더위를 식히는 웃음 가득한 놀이터였다. 아이들은 하나같이 알몸이어서 더욱 친근하기도 해서 좋았다. 방죽가 언저리에 길게 자란 쑥대 끝에 피어있는 하얀 목화 같은 꽃을 여러 개 따 모아서 물이 들어가지 않게 귓구멍을 막는 게 한 방법이기도 했다. 여기서 퐁당! 저기서 퐁당! 머슴아들이 경쟁하듯 놀아댔다.

쇠샘은 생수가 계속 나와서 여름날 너무나 물이 차가워 함부로 들어갈 수 없을 정도였다. 그래서 인기가 좋았는데 맑은 물에 맨 먼저 들어가는 게 기분이 최고라서 1학년의 친구들이 제일 먼저 수업이 끝나니 항상 처음 차지할 수 있는 복을 누려 좋았다. 무덥던 어느 날 학교에서 집으로 가는 길 두 번째 산 고개에 올라 쉬면서 한 친구가 지금부터 뛰어가서 누가 제일 먼저 방죽에 들어가는지 내기를 하자고 했다. 그 순간 "좋아!" 누구랄 것 없이 서로 옷을 홀라당 다 벗어 들고 뛰기 시작했다. 옷을 입은 채로 가면 벗는 시간 때문에 물속에 늦게 들어가 일등을 못하기 때문이다.

그때도 체구는 작아도 욕심 많고 담박질 하나는 누구한테도 뒤지지 않은 터라 신나게 일등으로 달려갔다. 방죽으로 들어가려는 순간 아! 어쩌나, 그만 미끄러져 물속으로 들어갔다. 일등 했으면 무엇하리……. 밖으로 나오니 피는 흐르고 아프고 쓰리고 울고 싶은 마음에 그냥 하늘이 노랗게 보였다. 작은 허벅다리에는 흙모래에 씻겨 상처가 나고 피가 나와서 더 아픔을 느꼈다.

제대로 멱도 못 감고 방죽가에서 쑥 잎을 찧어 바르고 아이들의 재미나게 노는 모습만 바라봤다. 모두들 신나게 놀다가 내가 방죽가에서 울상을 지으며 앉아 있으니 마음이 짠했는지 다른 때보다 일찍 끝내고 그냥 집으로 가는 중이었다. 건너 마을 한 친구가 자기 집에 아카징키가 있다고 했다. 그 시절에는 상처가 났을 때 상비약으로 집에 아카징키(머큐로크롬)와 옥도정기(요오드팅크) 소독약 정도의 약만 있었다. 그것도 특별한 집에만 있어서 사람들이 조금씩 빌려다 바르곤 했다. 함께 가서 약을 발라준다고 해서 이제 곧 상처가 낫겠구나 하고 잠시 아픔을 잊고 좋아하며 따라갔다.

마루에 걸터앉아 있으니 빨간약이 든 조그만 병을 가지고 왔다. 잠시 뒤 뚜껑을 열고 내 허벅지의 상처 난 곳에 흘려서 바르는데 아! 너무나 아프고 쓰려 참기 힘들어 홀딱홀딱 뛰고 싶을 정도였다. 나도 모르게 눈물이 나고 그만 울고 말았다.

그런 일이 있은 후 몇 날이 지나서야 그 약이 아카징키가 아니고 자리공의 열매를 재미로 짜서 넣어둔 것이었음을 알 수 있었다. 그 순진하고 착했던 철부지 친구는 아마도 빨간 열매의 물도 아카징키처럼 약이 되는 줄 알았으리라. 몇 날이 지나가니 약의 효과가 있었는지 없었는지 딱지가 가시고 낫게 되었다. 오랜 세월이 흐를 때까지 가짜 아카징키가 남겨준 상징인 기다란 흉터가 있었던 기억이 난다.

맑았던 물이 구정물 될 때까지 즐겁게 퐁당대던 친구들도, 새로 난 하얀 이를 입가의 웃음으로 훤히 드러내던 순수했던 개구쟁이 그놈도 오늘따라 새삼스레 떠오른다.

젖배를 곯아서

어머니께서 귀가 닳도록 하시는 말씀이 있다. “너는 젖배를 곯아서 작아!”

1916년에 7남매 중 두 번째로 태어나신 어머님은 홍일점이어서 조부모와 부모님의 귀여움을 받으셨다. 어릴 적 언문을 익혀 한글로 된 《심청전》, 《홍부전》, 《충렬전》 등의 고전을 읽으며 자라셨다. 그러다가 몸이 자주 아프시자 걱정하던 가족들이 시집을 가면 낫는다고 하여 열여섯에 지금의 내장산 뒷마을로 오셨다. 한 번도 길쌈이나 밭일 논일도 해보지 않았던 어머니께서 호랑이 같은 홀시어머니의 시집살이를 힘들게 견디며 하루하루를 버티셨다.

내가 출생하기 하루 전까지도 베틀에 올라가서 한 올 한 올 힘들게 베를 짜셨다. 뱃속의 아이가 두 발로 차는데도 베를 짜야 했다고 지금도 말씀하신다. "내가 미련한 년이었지." 그러다가 위로 두 아이를 서너 살 때 하늘나라로 보내고 내 동생 아래로 하나를 또 잃었다고 한다. 일곱 번째로 낳은 나를 포함해서 지금은 6남매가 함께하다 2년 전에 99세로 어머니는 우리 곁을 떠나셨다.

큰집 식구들과 온 가족이 밖에서 초조하게 기다리는데 새벽 첫닭이 울기 전 인시寅時에 나의 큰 울음소리가 들렸다고 한다. 그 당시 딸을 낳으면 여자 어른들이 대강 이름을 지었고 사내아이는 신경을 썼다고 한다. 한학을 하셨던 큰아버지께서 기분이 좋아 작명가에게 부탁해서 지은 이름이 유종인柳鍾寅이다. 실제로 띠는 소띠이나 어른들은 입춘이 지나 출생하니 사주로는 호랑이띠라고 하셨다. 그 말이 맞았을까? 나는 남다르게 목소리가 컸고 고집이 셌다.

출생한 뒤 4개월이 지날 때쯤 한국전쟁이 일어났고 아버지와 큰집, 작은집 가족들은 읍내로 피난을 갔다. 형을 제외한 어머니와 우리 가족들은 미처 피난을 못 간 상태에서 가까운 작은집 소유의 조그만 집으로 잠시 옮겨 살았다. 물이 흐르는 천변 건너 내가 태어난 큰 기와집에는 장작과 짚을 쌓아놓았고 겨울나무도 많이 있었다. 어느 날 산에서 내려온 사람들이 관솔불을 들고 우익사람들을 찾으러 다녔다. 모두들 숨어 지내던 시절이라 집에 불이 붙었지만 온 마을 사람들은 밤새 불타는 것을 보기만 하고 속수무책이었다. 좌익 사람들이 밤낮으로 감시를 해서 사람들은 자유로운 왕래를 하기 힘들었다. 또한 말을 조심하던가 아니면 차라리 모르는 채 벙어리가 되어야 살아남을 수 있었다.

밤에 산에서 내려온 사람들이 젖먹이인 나를 안고 있는 젊은 어머니를(당시 34세) 대창으로 위협하였다. 하지만 내가 너무 어리기 때문이었는지 어머니와 나는 무사하였다. 빨치산이 내려오면 어머니는 부들부들 떨며 갓난아이를 안고 변소로 가셨다. 나는 큰소리에 겁이 나서 경풍으로 이따금씩 까무러졌다고 한다. 정읍경찰서가 일곱 번이나 밤낮으로 번갈아 국군과 인민군으로 주인이 바뀌는 등 공방전이 치열하였다.

어머니 젖이 나오지 않아 쌀죽을 부드럽게 하여 설탕을 넣고 만든 맘(미음)을 먹고 자라는데 그것마저도 여의치 않았다. 이곳저곳에 곡식을 숨겨두어도 밤에 산에서 내려온 빨치산들이 다 빼앗아 갔다. 또 낮에는 치안대와 촉진대 소속 사람들에게 음식거리를 주어야 했다. 설탕도 쌀도 부족하여 나는 겨우 생명을 이어갔다. 어머니의 희생과 정성, 크나큰 사랑으로 나는 살아남을 수 있었다.

휴전이 되고 평온한 생활이 시작되었다. 나는 서너 살 때부터 노래를 잘 부르는 아이로 귀여움을 받았다. 젖배를 곯아서 그렇다고들 하지만 유난히 체구가 작고 머리는 앞뒤꼭지 삼천리로 크고, 눈동자는 반짝반짝 광채가 났다고 한다.

'별들이 소곤대는 홍콩의 밤거리/ 나는야 춤을 추는 꽃 파는 아가씨 이 꽃만 사가세요/ 그리운 명랑-꽃/ 아-아-꽃잎처럼 다정스런 그 사람이면/(중략) 품에 안겨 가고 싶어라./' 어른들의 칭찬에 힘입어 이 같은 유행가를 내용도 모르면서 신나게 불렀다고 한다. 당시 마흔 살이던 아버지는 위로 딸을 넷이나 낳고 얻은 아들이어서인지, 나를 특히 귀여워해 주셨다. 무엇이든지 다른 아이들보다 먼저 좋은 것을 챙겨 주셨다. 나는 어려서부터 경쟁에서 이기고 싶은 욕심이 남다르게 강했다. 아버지 역시 아들의 마음을 아셨는지, 그 욕구를 채워주려고 최선을 다하셨다.

눈이 펑펑 내리던 어느 겨울날, 장에 갔다 늦게 돌아오시는 아버지의 선물을 기대하며 꼭 마중을 나갔다. 혼자서 신나게 산길을 따라갔다. 사방은 캄캄하고 무서웠다. 조금만 가면 아버지가 부르는 큰 소리가 들리리라는 기대 속에 걸어가다 뛰어가다 멈추다 하며 어디까지 갔을까? 온 거리가 더 멀어 되돌아갈 수도 없어 또 달렸다. 어느덧 한 고개 두 고개 마지막 큰재(성황당)에 이르니 읍내의 불빛이 멀리 보였다. 어둠 속에서 술 한잔하여 비틀거리는 걸음으로 오시는 아버지가 얼마나 반가웠는지!

집에 와서 아버지 손에 들려 있던 회푸대 종이를 풀어보니 반짝반짝 하는 검은 고무장화가 보였다. 동네아이들은 거의 신지 못한 장화였다. 어머니가 특별히 부탁해서 사다 주신 선물이었다. 너무 기뻐 잠을 이루지 못했다. 내 발보다는 커서 헐떡거리는 그 장화를 신고 나는 눈 쌓인 마당과 골목길을 뛰어다녔던 기억이 난다.

아버지는 키는 작아도 힘이 장사라는 말을 들었다. 마을에서 큰 돌을 들고 당산나무를 돌 때 제일 잘 버티셨다. 하지만 연이나 얼레를 만드는 손재주는 뛰어나지 않았다. 내가 재촉하자 옆에 사시는 손재주가 좋으신 할아버지께 부탁해서 얼레와 연을 튼튼하고 예쁘게 만들어 주어 연을 날렸다. 내가 띄운 연이 가장 멀리 높이 날아가야 직성이

풀리는 나였기에 아버지가 특별히 신경을 써주셨던 것이다.

우리 집에서는 암탉 일곱 마리와 수탉 한 마리를 길렀다. 어느 날 우리 집 암탉들이 이웃집의 수탉을 따라가버리자 수탉은 꼬리를 푹 내리고 기가 죽어 있었다. 나는 아버지께 싸움 잘하는 큰 수탉을 사달라고 졸랐다. 장날 나가셔서 장에서 제일 큰 새까만 수탉을 사오셨다. 고추장을 밥에 비벼 먹이며 사흘 뒤 풀어놓았는데 벼슬이 다 망가지고 이웃집 작은 수탉에게 쫓겨 다녔다. 다음에 또 벼슬이 작고 큰 붉은 싸움닭을 사다가 풀어놓았는데 역시 마찬가지였다. 왜 그랬을까? 알고 보니 이웃집 아저씨가 우리 수탉 두 날개를 꽉 잡고 자기 집의 닭이 쪼도록 했으니 바로 꼬리를 내릴 수밖에. 그 뒤 오랜 시간이 지나 우리 닭이 이기고 나서야 나는 마음의 평온을 찾았다. 지금 생각하니 어머니와 아버지의 깊은 아들 사랑이 유난했던 것 같다. 나는 젖배를 곯아서 작지만 부모님의 각별한 사랑을 받으며 자란 셈이다. 얼마나 행복한 일인가? 부모님의 사랑이 그리워지는 계절이어서 그 추억이 아련하다.

두 갈래 길에서

우리 주변에 얼마나 많은 사람들이 하나의 결정을 놓고 이리 갈까 저리 갈까 망설이며 고심하고 힘들어 할지 생각해본다. 학교에 진학해야 하는 수많은 청소년들과 직장을 선택해야 하는 성인에 이르기까지 선택의 갈림길에서 눈물을 삼키면서 고심할 것이라 여긴다. 오랜 세월 동안 '학교'라고 하는 테두리 안에서 수많은 학생들과 함께 지내온 탓에 이런 생각을 했는지도 모르지만, 그동안 제자들은 두 갈래 길에서 옳은 선택을 하여 내가 잘했구나! 하고 편안하게 살고 있을지 궁금해진다.

어쩌다 티브이 프로그램에서 시청자들의 심금을 울리는 〈강연 100℃〉 같은 방영을 눈물겨운 감동으로 접하게 되는 때가 있다. 아주 오래전, MBC 라디오 방송에서 '절망은 없다'라는 이야기를 주제로 한 프로가 정기적으로 방송된 적이 있어서 귀 기울여 듣고 또한 책으로 발간되어 구입한 적이 있었다.

가끔씩 들려주면 성장해 가는 아이들에게 동기 유발이 될지 모른다는 생각에 선별해서 얘기해주면 실감이 나서 매우 좋아했다. 우리네 삶의 이모저모가 '해피 엔딩'이 많이 있듯이 고생 끝에 낙이 오는 줄거리는 모두에게 희망과 용기를 주어서 꿈을 갖게 되어 자기 것인 양 좋았을 것이다.

누구인들 두 갈래 길에 섰을 때 정도의 차이는 있겠지만 망설이지 않고 선뜻 한쪽 길을 택하는 경우는 드물 거라고 생각한다. 그것은 스스로 결정할 수도 있고 그렇지 못한 상황도 있기에 안타까운 일이 아니겠는가? 특히 아직 판단력이 부족한 학생들은 경험이 풍부한 선생님이나 부모, 그리고 친구와 선배 및 일가친척들의 충고를 듣고 결정할 때가 많다.

학교부터 직업과 배우자의 선택에 이르기까지 어느 한 가지라도 본인에게 중요하지 않은 게 없으니 누구나 밤잠을 설치지 않을 수 없으리라……. 고교 진학에 얽힌 어느 주인공에 대한 이야기를 하나 해보고 싶다. 최근 국립대학교에서 퇴임한 어느 시골 출신 유명한 S교수님은 어린 시절 도시의 명문중학교를 졸업하고 같은 교정의 인문계 고교를 진학하지 않고 음악이 좋아서 관악부가 있는 인근 실업고교에 진학하여 음악의 인생을 시작하게 되었다.

입학을 해서부터 관악부 생활을 하며 선후배 동기들보다 언제나 먼저 등교하고 공부도 열심히 하여 국내 최고의 명문대학을 나와 대학교에서 음악과 교수로 40여 년간 재직하게 되었다. 훗날 그분의 제자들 얘기를 들어보니 고교시절 학생 때부터의 마음과 같이 근무할 때도 아침 7시에 출근하여 본인의 악기 연주의 실력을 연마하며 학생들에게 무언의 길잡이가 되셨다고 했다.

그러기에 수많은 제자들의 귀감이 되고 존경을 받으며 정년퇴임을 한 뒤에도 큰 보람으로 여생을 보내고 있다고도 했다. 만약 그분이 고교 진학의 두 갈래 길에서 인문계고교에 진학했다면 그 많은 사람들에게 주옥같은 음악 선물과 삶의 윤택함을 깊게 심어줄 수 있었을까 하는 의구심을 갖지 않을 수 없다.

두 번째로 직업 선택을 위한 길을 생각해본다.

사람들이 평생 자기 직업을 얻기 위해서 유명한 학교에 진학하여 주위사람들의 찬사와 환호를 받는 일도 있다. 지금은 조금 덜 하지만 학년 말이 되면 어느 중학교는 무슨 특목고에 누구누구 몇 명이 합격했고 또 어느 고교에서는 명문대에 몇 명이 합격했다는 홍보 프랭카드가 교문마다 내걸어져 지나가는 사람들의 시선을 끌곤 한다.

가르치신 선생님의 자긍심과 부모님들의 만족도는 크겠지만 그 반대의 학생들이나 학부모들은 어떠했을까? 자칫 잘못하면 개인으로 봐서는 한 단계 낮은 학교에 진학하고 또한 그에게 맞는 학과를 택해야 하는데 본의 아니게 잘못된 진학지도로 인해서 가지 말아야 할 길을 걸어가는 경우도 있다.

내 주변의 한 사람은 국내 최고 명문대학의 특정학과를 졸업했지만 교수되는 길도 너무 멀고 문명이기의 발달 영향 때문에 원하는 곳의 취업도 어렵다는 것을 알았다. 주위 사람들의 비웃음도 참아내며 일찍이 자기의 소신대로 길을 바꾸어 살아가는 일도 있어서 주위사람들과 나도 처음에는 의아했었다. 그 젊은이는 4년 전의 영광을 뒤로한 채 교육대학교에 편입학 후 졸업해서 임용고시를 통해 시골의 초등학교에서 어린 새싹들을 가르치는 보람을 누리고 있는 것을 보았다. 아마도 자기가 명문대학에서 배웠던 지식들을 고스란히 직접간접으로 희망을 꿈꾸는 아이들에게 되돌려 주리라 믿으며 미래에 촉망받고 존경받는 훌륭하고 유능한 좋은 교육자의 한 사람으로 우뚝 서리라 기대해본다.

다음은 배우자 선택에 따른 길을 생각해본다.

지구상의 셀 수 없이 많은 사람 중에서 배우자로 만난 이상 두 반려자는 상대를 최고라고 여겨 사랑하며 살아야 하지 않을까 하고 주문해본다.

최근에 만난 한 젊은이는 모든 것이 잘 갖춰진 집안이어서인지 몰라도 결혼할 상대와 서른 번 정도의 만남을 가졌다고 했다. 결혼은 100가지의 만족을 모두 채워야 하는 것이 아니라 하나의 만족이 나머지 99개를 덮을 수 있을 때 가능하지 않을까 생각한다. 만약에 이 사람과 결혼해서 잘 살 수 있을까? 고민하는 젊은이라면 불만족스러운 한 가지 때문에 좋은 것들을 버릴 것이 아니라 그 사람의 장점 한 가지를 바로 볼 수 있어야 할 것이다.

우리가 살아가는 데서 겪는 크고 작은 일 중에 어느 것 하나 '두 갈래 길'에서 망설이지 않은 경우가 있을까? 그러나 우선 쉽고 편하다 하여 심사숙고하지 않고 결정하는 오류는 범하지 말아야 한다고 생각된다. 그것이 자기 자신은 물론 더불어 사는 모든 사람들에게도 축복을 주는 길이기 때문이다. 두 갈래 길에서 눈물을 머금고 한 번 정했으면 뒤 돌아보지 말고 앞으로 나가야 보람된 삶의 의미를 갖게 되리라 여긴다.

누구나 두 갈래 길에서 두 길을 갈 수는 없으니 고심 끝에 한 길을 선택했다면 그 길로 매진하여 성취와 보람을 느낄 줄 알아야 한다고 생각한다.

두 갈래 길에 서 있는 우리들은 어디로 가야 할지 현명한 답을 찾아봐야 되지 않을까?…… 다가오는 미래의 푸른 꿈을 이루기 위하여!

까까머리 친구들아!

유난히도 무더웠던 여름도 가을의 후배에게 바통을 넘기고 간 시월의 끝 주말에 우리는 반갑게 손을 잡고 웃으며 만났다. 까마득한 옛날 3월에 꿈에 그리던 중학생이 된다는 기쁨으로 밤잠을 못 이루었다. 희망찬 아침 햇살을 보며 까까머리에 모자를 쓰고 단정한 교복차림으로 입학을 하였다. 그 뒤로 50여 년의 세월 속에 까마득한 갖가지 옛 추억으로 수를 놓아 함께 익어가고 있으니 서로의 만남이 가슴 설렐 수밖에 없다.

하나 둘씩 보태져가는 나이의 물결 따라 300여 명의 철없던 소년들은 청년을 거쳐 모두 다 '경로'라는 주름 잡힌 이름표를 달고 단풍 길을 함께 걸어가게 되었다. 서울에서 관광버스로 달려오고 전주와 광주, 그리고 정읍에서 터 잡고 사는 친구들의 기다림 속에 아직 우리는 건재하다 외치며 힘차게 또 손을 잡을 수 있어 좋았다.

중학교 1학년 가을에 삼십 여 리가 넘는 길을 걸어서 내장사로 소풍을 갔었다. 내장산의 연지봉 뒤편에 멀리 떨어진 마을에 살던 조카와 나는 학교에서 함께 출발하지 않고 그냥 집에서 걸어가게 되었다. 새벽에 출발했는데 세 시간 정도 걸려 높은 산을 넘어가다가 우거진 숲속에서 길을 잃고 말았다. 둘이는 난감해하며 허기져서 산 다래열매를 따먹으며 잠시 숨을 돌리고 있었다. 용케도 궁리를 잘해서 자갈과 큰 돌로 자연스럽게 만들어진 물이 흘러간 계곡을 따라 내려가니 절과 가까운 지점에 도달하여 큰 낭패 없이 안도의 숨을 쉴 수 있었다.

다섯 시간 정도 힘들게 헤매다 도착하니 읍내에서 출발한 친구들은 아직 도착하지 않아서 우리는 기다리다 합류를 했던 기억이 지금도 생생하다. 그때 그날의 친구들이 같은 장소를 가기 위해서 이렇게 각처에서 달려와 만나니 새삼 그때 추억들이 새삼스레 떠올라 세월의 무상함을 느꼈다. 일행은 점심을 같이하고 내장호수의 끝에 위치한 주차장에서 셔틀버스를 타고 내장산 입구에 내렸다. 삼삼오오 자연의 아름다운 감상과 함께 밀린 얘기도 하면서 건강하다는 듯 힘 있는 걸음으로 대웅전 입구에 도착하였다.

경내에 들어가다 우측의 누각에 모여 친절한 남녀 두 분이 만들어 주는 따끈한 녹차 한잔씩을 마시며 가을의 정취를 또 한 번 깊이 느낄 수 있었다. 점점 짙게 물들어가는 빨강, 노랑, 파랑색의 단풍나무 잎들을 뒤로하고 내려왔다. 연회장에서 저녁식사와 함께 회포를 푸는 시간이 되니 누구랄 것 없이 왁자지껄하기 시작했다. 내가 이렇게 힘이 있다는 듯 반주 한잔에 옛 추억 얘기와 범벅이 되어 목소리는 더욱 커지고 '브라보' 소리의 연발이 이곳저곳에서 터져 나왔다.

그러다가 한 친구가 갑자기 일어나더니 기억력이 좋고 그것을 긍지로 알고 지금까지 열심히 살아온 것을 자랑이라도 하듯이 큰소리로 외쳐대었다. 그해 입학시험에서 전북에서 J학교는 커트라인점수가 몇 점이고 두 번째로 우리 학교가 ㅇㅇ점으로 높았다고 하였다. 당시에는 초등학교에서 성적순으로 학부모와 선생님이 중학교를 선택하여 원서를 써주고 시험을 치르게 하였다.

그러자 중앙 쪽에서 한 친구가 일어나서 "내가 다녔던 S초등학교에서 몇 명으로 가장 많이 합격했다."라고 큰 소리를 내었다. 그리고 참석한 동기들을 일어나게 해서 한층 의기양양했다. 이제는 또 다시 철없던 까까머리 소년으로 돌아간 듯 뒤질세라 서로 일어나서 한마디씩 했다. 우리 학교에서 전체 1등을 했고, 시내의 학교를 중심으로 면소재지의 학교까지 다 열거되었다. 어느 학교는 우등생만 십여 명이 응시해서 두 명이 합격했고, 또 다섯 명이 와서 네 명이 들어왔으니 질적으로 더 우수하다고 떼를 쓰는 것을 보니 모두 중학 1학년생의 기분 같아서 나도 웃을 수밖에 없었다. 꼭 도토리가 키 재기하는 것 같은 모양새 같아서 입가에 미소가 스쳐지나가는 것 같아서 마음속으로 또 웃었다.

각 지역별로 대표로 시 낭송을 포함해 여러 가지 재주를 보여주었는데 나는 〈내장산 단풍〉이라는 노래를 불렀기 때문에 유달리 내게 시선이 집중 되는 듯했다. 면소재지의 학교도 아니고 변두리의 산골학교를 나온 것도 약이 오르는데 요놈들이 해도 해도 너무한 것 같다는 오기가 발하여 참지 못하고 나도 한마디 하려고 일어났다. 그동안에 습관적으로 많은 사람 앞에서 말을 많이 했던 경험을 살려 차분하게 얘기를 했다.

"친구 여러분! 아무개 입니다. 입학 첫날에 있었던 배꼽 빠질 얘기 하나를 하겠습니다."라고 서두를 꺼내니 기대가 큰지 시끌벅적했던 분위기가 갑자기 쥐죽은 듯 조용해졌다. 50년 전 "나는 1반에서 출석번호가 첫 번째라 출입문 맨 앞에 앉아있었습니다. 담임선생님께서 학생 신상파악을 하려고 첫 시간에 들어오셔서 출신 학교를 거수로 조사하여 기록하게 되었습니다. ○○○초등학교 나온 사람 손들어! 하나, 둘, 셋……. 또 ○○초등학교를 세다가 끝난 듯 마무리하려고 서류 책을 접었습니다. 마지막으로 안 부른 사람 손들어! 하기에 기쁜 마음으로 손을 버쩍 들었는데 등잔 밑이 어둡다고 맨 앞의 나를 보지 못하고 복도 쪽으로 나가려고 했습니다.

그때 이곳저곳에서 아이들의 웃음소리가 킥킥거리며 들려오니 선생님이 멈춰서고 사방을 둘러보다 내가 든 손을 발견하고 귀찮은 듯 어느 학교야! 라고 물었습니다." "○○초등학교입니다!"라고 대답하니 "그런 학교가 어디 있어?"라고 하니 아이들이 또 한바탕 웃어대었다고 말하였다. 그때 선생님의 칭찬과 격려의 한마디가 없어서 서운했다고도 했습니다.

한숨 돌리고 다른 사람들처럼 나도 내가 졸업한 초등학교를 내세우게 되었습니다. 수개월 동안 병원신세를 지다 회복되어 어렵게 참석한

한 명의 친구를 호명하여 일어서게 한 후 우리는 큰 박수를 받을 수 있게 되었습니다.

모든 행사가 막을 내리고 이곳저곳으로 떠나는 아쉬움이 큰지 한 번 잡은 손을 또 잡기를 반복하다 건강하기를 바라면서 서서히 사라지는 버스를 향해 손을 흔들어댑니다. 어느 친구는 50년 만에 처음 만나는 감동 어린 사연도 털어놓고 눈시울을 적십니다. 내 마음 깊은 곳에서는 이렇게 외치고 있었습니다. 정 깊은 까까머리 친구들아! 지나온 그 세월만큼은 다 못 살아도 그때의 소년으로 돌아가 몸과 마음이 건강한 푸른 꿈을 안고 지내기 바란다.

6부 열세 살 소년의 꿈

열세 살 소년의 꿈 | 촌놈 때를 벗다 | 끈
주례의 추억 | 내 말 좀 들어줘요 | 착한 사람이 많아서 좋아
너도 좋고 나도 좋고 | 증발된 아내 | 누나가 없어서?

열세 살 소년의 꿈

반세기가 지난 이야기이다. 내게는 90세 가까운 당숙모가 한 분 계신다. 세 번째 아들이 예순세 살이 되었으니 한 여인의 쓰리고 아픈 마음에서 흘린 눈물이 그 당시의 넓은 천에 흐르던 물보다도 많았으리라 여겨진다.

가뭄으로 애타게 기다리던 단비가 소낙비로 변하여 주룩주룩 온종일 쏟아져 내리는 여름날이었다. 비가 갠 늦은 오후 사람들이 하나 둘씩 다리도 없는 천에 크게 불어난 물 구경을 하러 천변 둑에 모여들었다. 이때, 시선이 한 곳으로 쏠리고 모두들 삽을 든 건장하고 씩씩한 남자가 큰 물살을 헤치고 건너는 광경을 보며 걱정을 하였다. 순간!

"어! 사람이 떠내려가네." 무서운 힘으로 물거품을 일으키며 사정없이 흘러가는 흙탕물 속에 한 사람이 아래로 아스라이 멀어져 가는 것을 본 것이다. 발을 동동 구르며 애태워하는 것도 아랑곳없이 무심하게 큰물은 계속 흘러가고 있었다.

건너편의 논을 살피러 간다고 삽을 짚고 널따란 내를 건너가니 모두들 위험하다고 얘기했다. 그러나 젊고 씩씩한 혈기에 특무상사로서 참전했던 용기로 식구가 많아 논농사가 걱정되어 이미 냇물의 중간쯤을 건너가고 있었다. 그런데 이걸 어쩌나? 순식간에 불어난 물이 세차게 폭풍처럼 밀려와 발을 헛디뎌 그만 넘어지고 말았다.

열 명이나 되는 가족의 슬픔도 모른 채 외아들이었던 남자는 일주일이 더 지나고 나서야 먼 곳 하구에서 시신으로 발견되어 보는 이의 마음을 애처롭게 했다. 독자라서 손자 하나씩 태어날 때마다 기뻐하시는 어머니께 버팀목이 되어준 소문난 효자였다. 생활이 어려워 일찍이 자원입대하여 근무하고 휴전되기 한 달 전 전역하였다. 후에 '화랑무공훈장'도 받은 역전의 용사이기도 했다.

그런 일이 있은 후 얼마 되지 않아 든든한 아들만 믿고 한평생 살아온 노모는 청천벽력 같은 충격으로 상심하다 가족들의 권유에도 식음을 전폐하시더니 하늘나라로 따라가셨다. 홀로 남은 젊은 엄마와 수많은 아이들을 보는 주변 사람들의 안타까운 마음에 오래도록 눈시울을 적시게 했다.

나 혼자 어찌 다 감당하라고 야속하게 떠났느냐고 울부짖는 서른여섯 살 아내의 애절한 소리가 이웃집 사람들을 더욱 슬프게 만들었다.

갓 중학교를 졸업한 큰아들, 중3인 둘째 아들이 있었다. 갑자기 가장을 잃어 경제적인 어려움 때문에 중학교 1학년인 열세 살 된 셋째 아들의 학업지탱이 너무 힘들 지경이었다. 또 그 아래에 태어났던 아이 다섯까지 철부지 팔남매가 엄마에게 맡겨지게 되었다. 울고 있는 아이들을 바라보는 엄마에게 이런 날벼락이 어디에 또 있으랴.

그렇다고 착하고 소중한 자식들의 눈망울을 보며 마냥 슬픔에 잠겨 한탄만 하고 있을 수 없었다. 엄마는 강했다. 산 사람은 살아야 한다고 두 주먹을 불끈 쥐고 힘차게 일어섰다. 아이들이 하나 둘 태어날 때마다 보물단지 들어온 것처럼 좋아하시던 먼저 가신 시어머니와 남편의 모습이 가물거렸기 때문이다.

온갖 허드렛일과 장사를 하면서 자식들을 억척스레 키우신 장한 엄마께서는 최근에 만나 뵈니 셋째 아들을 정말 어렵게 중학교까지라도 다니게 한 게 다행이라고 위안을 하셨다. 팔남매의 자식들이 학교를 다니는 동안 어버이날의 행사 때는 장한 어머니의 상도 많이 받았다고 흐뭇한 표정을 지으시던 그 모습이 생생하다.

얼마 전에 만난 셋째 아들인 6촌 동생이 어려서부터 유별나게 아버지를 닮았고 바른 삶에 대한 의지가 강하였다. 중학교 1학년 때부터 수업료를 납부하지 못해서 집으로 수차례 되돌아오기도 했었다고 말하면서 이제는 다 잊었다고 씁쓸한 미소를 지었다. 어릴 적부터 나라를 위해 용감히 싸우셨던 아버지의 무용담과 꿋꿋한 사나이다운 용기와 기상을 몸에 익혔으리라 짐작된다.

중학교 졸업 후 한 해 동안 어머니의 눈물겨운 고생을 곁에서 지켜보며 함께한 생활에서 꼭 성공하리라 모질게 마음을 먹었다고 했다. 피와 땀으로 얼룩진 앳된 어머니의 모습과 철없는 동생들을 뒤로하고 열일곱 살 때 고향을 떠나 서울의 봉제공장에서 일을 하게 되었다. 그 뒤 옷을 만드는 작은 가게를 마련하고 20여 년을 한 우물만 파고 성실히 살아온 결과 꽤 규모가 큰 공장을 꾸리게 되었다.

세상을 넓게 보는 안목이 있어서인지 중국의 '대련'이라는 도시에 자리 잡고 사업을 한 지도 25년이나 지나 사업이 번창하고 있다며 자신감에 차있어 좋았다. 두 해 전에 아들과 함께 그곳을 찾아 머무르면서 운영하는 공장을 둘러볼 기회가 있었는데 규모를 보고 깜짝 놀랐다. 공장 부지를 미리 매입을 해서 다행이라고 하면서 "이제는 성공했어요!"라고 말하는 여유를 보고 나도 참 기쁘고 대단하다고 칭찬을 해주었다.

대련에서 1,000여 명의 직원이 근무하는 규모가 큰 양복공장을 성공적으로 운영하고 있으면서 그곳의 '한인회'에서의 활동도 활발히 하며 국위를 선양하고 중국에서도 신망 받는 회사로 명망을 얻고 있어 자랑스러운 마음이 들었다. 한 가족의 성공을 향해 앞만 보고 달려온 덕택에 수십 년 전 안쓰러워 차마 볼 수 없었던 가족들과 그들의 아이들까지 지금은 모두 다 행복한 웃음을 지으며 살고 있어서 다행이다.

열일곱 살 때부터 고생스럽게 살아가시는 고향의 어머니와 많은 가족들을 위해 죽을힘을 다해 살아온 힘으로 열매가 맺힌 것이라고 생각했다. 소년의 고향인 시의 외곽 조용한 곳에 포근하고 넉넉한 아름다운 집을 마련하여 '부자할머니'라는 호칭을 들어가며 살아가게 하였다. 많은 자녀들과 손자들이 이따금씩 모여 왁자지껄 웃음꽃을 피워내게 한 지금, 옛날의 그 소년은 이렇게 말한다. 지금도 사람들이 일을 하려고 마음만 먹으면 얼마든지 할 수 있고 성공도 할 수 있는데 어려운 일은 안 하려고 하는 게 걱정이라고……. 중국공장에서 일하는 직원들이 행여 일자리를 잃을까봐 열심히 노력하는 것을 보고 한마디 해주던 말이 귀에 잔잔하다.

열세 살 소년의 꿈이 잘 이루어져 참 다행이고 자랑스럽다.

촌놈 때를 벗다

내가 살던 산골마을엔 등잔불이 어둠을 밝혀주던 시절이 있었다. 먼 길을 새벽부터 한두 시간씩 걸어온 친구들의 운동화엔 검은 흙이 범벅이 되었고 또 어떤 신발엔 붉은 황토색이 씌워져 있었다. 그때는 중학교를 가야 고무신이 졸업하고 운동화로 입학하는 기쁨을 맞게 되었기 때문이다. 학교 갔다 돌아오면 소중한 운동화는 벗어놓고 아끼며 구멍이 날 때까지 신었다.

시골마을에서 태어나 자라는 아이들은 동네에 하나밖에 없는 자전거가 굴러가는 것을 신기하게 바라보던 때였다. 마을에 한두 개 있는 가게라고는 성냥과 비누 등 기본생활 필수품을 비롯해서 막걸리 파는 정도가 전부였다. 아이들의 군것질거리도 집에서 나오는 것 외에 거의 없었다. 읍내 학교를 다니며 사방을 둘러보면 신기한 게 한두 가지가 아니어서 눈이 휘둥그레지니 발걸음이 늦어지기 일쑤였다.

세월이 지나가며 사는 곳에 따라 조금은 어수룩해 보이던 아이들도 같은 교복과 모자 그리고 운동화를 신고 다니는 덕택에 촌스러움은 조금씩 벗어나는 것 같았다. 어디에 살던, 부모가 누구든, 가난하건 부자건 같은 또래의 친구들이 깔깔거리며 함께 어울려 살아가니 너무나 좋았다. 쉬는 시간에 이따금씩 철조망 울타리 너머 앞치마 두른 아주머니한테서 모락모락 김이 나는 일 원짜리 빵 하나 사서 나눠먹던 그때의 즐거웠던 추억이 새삼스럽게 떠오른다.

처음 만났을 땐 도토리 키 재듯이 조금 가까이 산다고 네가 촌놈, 내가 도시 놈하며 무시하고 놀려대는 아이들도 점점 정으로 감싸주게 되며 조금씩 그 흔적이 지워져 가고 있어 다행이었다. 남녀노소를 막론하고 주위 사람들과 잘 어울리고 세련된 생활에 앞장서며 남들을 깨우쳐주기도 하는 사랑과 배려하는 마음을 가지고 살아가는 이들은 진정 촌놈이 아니지 않겠는가?

그렇게 살아가던 산골 마을 아이가 십여 년의 날들을 사연 많은 책과 글로 포장되고 가꾸어져 촌놈 때를 벗고 교육자가 되어 미래의 꿈을 먹고 자라나는 남녀 학생들에게 시간 있을 때마다 잔소리처럼 했던 말이 기억된다. "얘들아! 이 세상에는 촌놈과 도시 놈이 따로 없단다. 내가 하고 싶은 바른길을 향해서 포기하지 않고 꿈을 이루면 먼 훗날 촌놈 때를 벗을 수 있을 테니……."

그런 말을 들으며 자라났던 많은 아이들은 지금쯤 어디서 촌 때나 제대로 벗고 살고 있을지 궁금해진다. 바다 건너 섬마을에서부터 산간 읍 지역, 도시에서 근무할 때도 아이들에게 외쳐대곤 했던 것은 "촌놈은 따로 없다! 공부 열심히 하면 도시 놈이 될 수 있다."라고 했던 말이 새삼 뇌리를 스쳐 지나가기 때문이다.

까마득한 옛날 어려운 삶의 터전을 벗어나려 서울로 올라갔던 수많은 사람들은 수돗물을 먹으며 농사일 때문에 햇볕에 그을리지 않아 얼굴이 하얗게 되고 말씨부터 옷매무새까지 어릴 적 살던 곳의 아이들과 달라져 촌놈이 때를 벗는 듯도 했었다. 마음이 들떠서 명절이나 가정의 경사가 있는 날에 정이 담긴 가방과 보따리를 들고 고향으로 내려가는 사람들은 모두가 도시에 살아도 촌놈으로 인식되었고 돈 많은 토박이들은 그렇지 않기도 했다. 이제는 앞뒤가 어지럽게 뒤바뀌어 어느 놈이 촌놈이고 도시 놈인지 분간이 잘 되지 않는 현실이 된 것 같다.

한때 잘나가던 도회지의 신사숙녀들이 자꾸자꾸 그곳에서 입던 옷을 벗어 던지고 맑은 물 조용히 흐르는 산골 마을에 둥지를 틀려고 내려오는 것을 가끔 볼 수 있어 의아하기도 하다. 앞 뒷산 기슭에서 새들이 지저귀고 소박한 웃음꽃 피어나는 무지개 넘나들던 나 살던 고향으로 귀향하는 사람들이 있다. 어릴 적 멱 감던 자그마한 방죽을 그리며 내려오는 사람이 늘어나는 것 같아서 참 다행이다.

누구나 한 번쯤 삭막하고 답답하며 빽빽한 도시 생활을 접고 시골에 내려가 자연과 더불어 살고 싶다는 마음을 가져보기도 한다. 시골 사람이 아닌 척, 도시 사람인 척, 그리고 있는 척, 잘 아는 척하면서 자신을 숨기면서 살아오지는 않았는지……. 시골티는 꾸밈없는 우리들의 본래 모습이 아니었을까? 하고 차분히 생각해본다.

끈

온 천지에 끈으로 이어지지 않은 것이 없는 듯하다. 그중에서도 질기고 질긴 많은 사연을 쌓아가며 만들어 낸 끈은 사람과 사람의 마음으로 맺어진 인연의 매듭 같은 끈이 아닐까 생각한다. 할머니와 어머니에 이어졌던 탯줄이란 끈도 그렇고 어머니와 내게 이어졌던 영양분을 전해주던 그 끈 또한 가위로 자르며 한 생명을 탄생시키는 축복의 열매가 되게 한 것이리라. 종류에 따라서 잘라내서는 안 되는 것도 있고 어쩔 수 없이 아픈 마음 달래며 끊어내야 하는 경우도 무수히 많다.

주변에 존재하는 물질적인 다양한 종류의 끈은 기구로 자르기만 하면 길고 짧게도 나눠어져 필요에 따라 유용하게 쓸 수도 있다. 그러나 우리가 살아오면서 맺어진 사람들과의 형형색색의 끈은 그렇지 않다. 잘 못 이어지거나 허술히 끊게 되면 불행과 행복이 교차되는 아픔과 즐거움도 생겨나기 마련이다. 이어진 소중한 끈들을 잘 챙겨가며 그것들을 있게 한 재료 하나하나를 기름 치고 손질 하여 튼실하게 만들어 귀하게 여겨야겠다.

두 해 전의 일이다. 계절별로 춥지도 덥지도 않은 풍성한 달이어서 그런지 만날 약속이 꽉 차 있었다. 날짜가 적힌 달력의 칸 속에 메모된 모임 이름과 만날 시간이 적힌 글자가 눈에 들어왔다. 그중에서도 "25일 26일 초등학교부부모임"이라 적힌 글씨가 추억을 떠올리게 했다. 오랫동안 함께 지내다 그해 5월 중국의 장가계, 원가계 여행을 일주일 앞두고 불의의 사고로 유명을 달리 해서 함께 여행을 못 갔던 한 친구가 생각나 그와 함께 보낸 어린 시절의 추억들을 잠시 돌이켜보았다.

정월 대보름날이면 빈 깡통에 구멍을 뚫고 나무를 넣어 불을 붙이고 온 들판을 휘저으며 불놀이를 하기도 했다. 그날따라 아이들이 가지고 온 '연'에는 갖가지 그림과 글씨가 쓰여 있었다. 보름날에 보내는 '연'에 소원을 써서 날려 보내면 바라는 것이 이루어진다고 해서 그랬다. 팽팽해진 연줄을 세게 잡아당겨 연줄이 끊어져 까만 점같이 보이던 연들이 하나둘씩 먼 산 너머로 날아가고 나면 서운하면서도 희망을 안고 집으로 돌아오곤 했었다.

첫닭이 울고 나서 약속이나 한 듯이 집집마다 마당에 콩대와 깻대, 옥수숫대를 바탕으로 대나무를 맨 위에 올려놓고 악귀를 모두 보내버리고 한 해의 희망을 빌면서 어른들과 함께하는 대불 피기 놀이가 장관이었다. 그런 친구들 부부끼리 1년에 두 번 1박 2일을 함께 여행하는 즐거움은 아주 컸다. 아주 오래전 20대 때의 겨울에 정으로 맺어진 초등학교 6년을 함께한 친구들의 모임이다. 처음에는 스무 명 정도였는데 수년이 지난 뒤부터는 열 명으로 고정이 되었다. 그나마 그 전 5월에 한 친구의 비극적인 죽음으로 9명으로 줄어들었다. 해가 갈수록 우정의 끈이 더욱 탄탄해지는 게 자랑스럽다.

지난 가을 고향의 실내체육관 앞에서 오전에 만나기로 했다. 시간이 되자 서울과 인천, 전주에서 친구들이 달려와 반갑게 만났다. 그러나 남편이 없이 부인 혼자 참석하는 안타까운 일이 있었다. 조금은 어색하면서도 편안한 분위기를 만들어주는 마음이 참으로 고마웠다. 정읍을 출발점으로 전남 담양 추월산 앞의 호숫가 주위 둘레길을 걸어보고 순창으로 가서 점심을 먹으며 즐거운 가을을 보냈다. 우리는 승용차 4대에 몸을 싣고 지리산 노고단을 둘러보고 내려와 이 도령과 춘향이이가 놀았던 광한루에 들렀다.

가을 풍경을 구경하니 정말 상쾌한 기분이어서 좋은 여행이구나 싶었다. 지리산에서 내려오는 맑은 물과 널따란 남원 요천의 다리를 함께 거닐고 저녁을 먹으며 "건강을 위하여!" 하고 모두 함께 외쳐보았다. 바로 그때, 오늘 혼자 오게 된 친구의 아내가 일어서서 조용히 말을 시작했다.

"여러분, 불러주어서 감사합니다. 오늘은 제가 혼이나마 남편과 같이 참석하려고 왔습니다. 그리고 여러분이 불러준다면 앞으로도 만남을 꼭 같이하겠습니다. 아이들 아빠는 모임이라고는 이 모임 하나뿐이었습니다. 여권 사진이 영정사진으로 바뀌었을 때 정말 제 가슴이 많이 아팠었습니다."라고 하며 눈시울이 젖어드는 것을 보고 잠시 침묵이 오갔지만 곧 서로 위로하며 그렇게 하자고 하면서 분위기를 바꾸고 일상의 여행 분위기로 돌아갔다.

모두들 격려와 고마움의 박수를 쳐주고 그래도 딸 셋과 막내아들을 잘 기르지 않았느냐고 위로하고 용기를 주며 다시 화기애애한 시간이 되었다. 다음 날도 대둔산의 가을 모습에 케이블카를 곁들여 시원한 마음을 느끼고, 오는 길에는 아기자기하게 꾸며놓은 대아수목원에서 깊어가는 가을풍경에 흠뻑 취할 수 있어 좋았다. 일행은 아쉽지만 내년 꽃피는 4월을 기약하고 전주역과 고속터미널에서 헤어져 저마다 자기 보금자리로 돌아갔다.

끈과 모임을 한 번 되짚어보고 싶어졌다. 끈도 그냥 끈이 아니라 사람마다의 마음먹기에 달렸다고 할 수 있다. 어느 인연의 끈은 맺어졌다 말없이 사라지고 닳아 끊어지는 경우도 있을 것이다. 사람마다 태어나서부터 어떤 과정을 거쳐 살아왔느냐에 따라 인연의 끈도 다양하리라 생각한다. 나고 자란 환경과 가정의 형편에 따라 본인의 의도와는 상관없이 초등학교만 나오고 지금까지 살아온 사람도 있을 것이다. 반대로 지역과 집안 환경의 덕으로 중고교부터 대학, 대학원의 석사 박사까지 이어오는 인생을 경험한 사람도 있으리라.

본인이 맺은 끈은 학벌과는 상관이 없는 것 같다. 어떤 사람은 초등학교만 다녔어도 사회에서 공부를 열심히 하여 사업에 성공하고 수십 개의 보람된 모임의 끈을 맺어 멋진 삶으로 바쁘게 생활하는 경우도 있다. 그런가 하면 또 어떤 이는 많은 학교를 다녔어도 모임의 끈도 많지 않고 있어도 끊어져버려서 항상 외롭고 쓸쓸하게 지내는 일도 많이 볼 수 있다.

시대가 많이 변해버려서 형제나 사촌도 멀리 있으면 정도 멀어져 큰 행사 때 아니면 못보고 산다. 하물며 사랑의 끈으로 이어진 사제 간에도 서로 만나며 가르침과 배움의 고마움에 보답하며 지내는 경우는 꿈만 같은 일이 되었다. 그래도 내가 먼저 찾아주고 배려하며 사랑하는 마음을 갖고 생활한다면 정으로 맺어진 끈은 잘 보존되면서 윤기나고 값나게 되리라 믿는다. 끈은 그 소재가 중요하다. 어떤 끈은 굵고 단단하기도 하지만 한 가닥이 잘못 끼어들어 전체를 동강내는 경우도 있고 또 자기관리를 잘못해서 그 끈에서 이탈되는 경우도 있다.

정으로 맺어진 소중한 끈은 자기 스스로 잘 가꾸고 다듬어갈 때 더 질겨지고 단단할 테니까.

주례의 추억

결혼이란 말을 생각하니 어릴 적 마을에서 본 구식 결혼 광경이 떠오른다. 총각이 장가갈 때는 신랑은 트럭운전석 옆에 타고 우인 대표들은 짐칸에 타고 간다. 해 질 무렵이 되면 신부 집에서 대접을 잘 받은 남자들이 밝은 모습으로 신나게 노래 부르며 돌아오고 연지 곤지 꽃단장한 새색시가 조수석에 탄 채 동네 사람들의 환영을 받는다. 그 시절엔 시골마을에선 요즘 같은 신식결혼이 거의 없었다. 그러니 주례사 대신 사회자의 진행에 따라 혼례가 치러졌다.

일가친지 및 마을 사람들이 모인 가운데 사모관대에 족두리 얹은 복장으로 서로 마주 하며 진행자의 지시대로 거행되었다. 마지막 순서로 신랑 측 대표의 넓고 긴 종이에 쓴 축사를 읽고 그걸 기념으로 양쪽에 어우러진 대나무 가지에 보기 좋게 걸쳐놓는 것도 한 장면이었다. 친구들이 복 받으라 뿌려주는 콩과 팥은 사방으로 흩어지고 축하하는 마음으로 날려 보낸 오색테이프도 장식되고 원앙새도 보이고 혼례 음식도 구색을 맞추며 한 폭의 그림이 되었다.

세월이 흘러 십수 년 전 옛날 제자한테서 반가운 전화를 받았다. 그는 내가 담임을 두 번 했던 인연으로 맺어진 사이였다. 그동안 개천에서 용 나듯이 최선을 다하여 좋은 직장에서 생활하고 있었다니 다행이었다. 오랫동안 서로 만나지 않았기에 옛날 청소년 시절의 기억을 떠올려 생각해보았다.

수십여 년 전 어느 봄날, 학생들의 공책을 보다가 유별나게 그 아이의 글씨가 눈에 들어왔다. "어? 참 잘 썼구나!" 하는 감동이 찡하게 내 마음에 와 닿았다. 그 노트를 교실 뒤 환경정리 게시 자료로 쓰려고 한쪽에 놓았다. 그 시절엔 새 학기만 되면 아이들 수업에 지장을 줄 정도로 환경정리심사 때문에 선생님들은 정신이 없었다.

지금도 뚜렷이 기억나는 것은 키도 앞에서 네 다섯 번째이고 다른 사내아이들은 머리가 아주 짧지 않았지만 유독 그 아이는 짧은 머리에 눈이 빛났다는 것이다. 아버지가 미곡상회에 취직하여 짐자전거로 곡식을 시장의 가게와 집집에 배달을 하러 다니고 어머니는 아이들 뒷바라지에 열중하는 평범한 가정이었다.

귀여운 제자들이 하나둘 교실에서 빠져 나가고 점심 후 환경정리를 시작했다. 게시판 한가운데 아래쪽에 글씨 잘 쓴 노트를 쫙 펴서 파란 캔 트지를 밑에 대고 압핀으로 잘 붙여놓았다. 그 다음날 나는 아이들 앞에서 "글씨를 쓸 때는 저렇게 정성껏 잘 써야 한다! ○○이가 우리 반에서 최고로 글씨를 잘 썼어!" 하고 칭찬을 했는데 그 순간 그 아이의 눈빛은 더 밝고 환하게 보였다.

아이는 기세당당하게 행동이 변화하며 뭐든지 1등 하려는 듯 활기차게 자라고 있는 것을 느낄 수 있었다. 겨울이 지나고 봄이 되어 다른 학년으로 헤어진 뒤 나는 먼 곳의 중학교로 발령을 받아 떠났다. 몇 년이 지나 고향의 모 학교에 발령받아 또 담임선생님이 되어 그 야무졌던 소년을 다시 만나게 되는 우연이 아닌 숙명의 만남이 되었으니 그놈은 얼마나 반가웠을까? 내 수업이 들은 날엔 자기 반 출석부와 학습 자료를 먼저 들고 다니며 의기양양했다. 꼭 자기의 개인적 선생님인 것처럼 생각하는지 학교생활에서 활기차게 생기 넘치는 희망의 꿈을 꾸는 소년이 되어가고 있었다. 중학교를 졸업하고 도시의 고등학교를 간 것을 안 뒤로는 서로의 만남은 없어졌는데 서른 살의 청년이 되어 얘기하는 첫마디가 내 귓전을 맴돌게 했다. "선생님께서 제 결혼의 주례를 맡아 주십시오!"였다. 나는 그런 경험도 없었지만 신부 될 아리따운 배우자가 될 사람 앞에서 단호하게 얘기하기에 당황하며 극구 사양하였다.

"다른 분이 주례를 서 주신다 했어도 다 사양하고 저는 선생님이 해주시기로 했다고 친구들과 모든 사람들에게 이미 말했어요. 왠지 아세요? 선생님 때문에 저는 초·중 ·고등학교 때 열 두 분의 담임선생님이 계셔야 하는데 한 분 적은 열한 분이지 않아요!" 어이가 없었지만 돌이키기엔 늦었다 생각되어 어쩔 수 없이 승낙을 하니 아주 좋아했다.

평소 주례는 생각지도 않았고 평생 주례 하는 일은 없으리라 생각하며 무심코 지내왔는데 막상 그렇게 되니 주례사가 걱정이었다. 주변에서 사람들이 3분 이내로 짧게 해야 된다 해서 원고를 준비하고 무덥던 6월 어느 날 큰 호텔에서 원맨쇼를 했다. 지금 생각하니 키가 작으니 상자라도 놓고 올라서서 당당히 할 것을 그런 것도 모르고 목만 내놓고 하객들은 음식을 먹고 마시고 떠들고 하는데 나는 어떻게 했는지 멍한 기억에 얼굴이 붉어지는 느낌이 떠오른다.

이따금씩 주례는 참 어려운 것이라고 그때를 회상해보기도 한다. 나는 주례사의 일부분에 오페라 로엔그린 제3막에 나오는 멜로디의 축혼가를 부르고 싶었지만 어색한 결혼식이 될까봐 그냥 시적으로 낭송하였다.

> 아름답고 향기로운 새봄의 꽃동산 이루었네.
> 한자리에 다 모이세 오늘의 기쁨을 나눠보세
> 벌 나비같이 춤을 추고 새들과 같이 노래하며
> 참 즐겁고 기쁜 오늘 영원히 이 날을 찬미하세

오늘 이 결혼을 축하하시는 모든 분들의 바람과 기대를 영원히 잊지 말기를 바랍니다. 양가부모와 가족친지 그리고 모든 하객들의 축하를 거울 삼아 건강하고 다복한 가정 이루고 훌륭하고 유능하며 좋은 부부가 되라고 당부하며 막을 내렸다.

그 뒤 한해 두해 세월이 가는데 제자의 전화벨이 울린다. "선생님

저 딸 낳았어요!"부터 시작해서 네 번째 전화에는 "선생님, 저 또 아들 낳았어요!"까지 2녀 2남을 낳아 잘 기르고 있으니 내가 주례하나는 참 잘 했나 하고 위안을 가져본다.

요즈음은 결혼문화도 너무 많이 변하였다. 남녀 모두 적령기에 서로 사랑하는 마음으로 부부가 되고 아이를 낳아 아빠 엄마가 되는 것이 어려운 것 같다. 아마도 주거환경과 육아비용을 비롯해서 교육비의 부담이 커지는 것도 한 이유도 될 듯하다. 서로 부족한 것 채워주는 마음으로 배려하고 양보하며 참사랑을 하면 좋으련만 하는 안타까운 마음이 든다. 젊은이들 모두에게 힘들지만 용기를 가지고 인내와 끈기로 좋은 가정을 꾸미라고 박수를 보내고 싶다. 더불어 아들 딸 많이 낳아 잘 기르라고 말하고 싶다. 또한 어느 노랫말처럼 자유, 평등, 평화, 행복이 가득한 희망의 나라로! 나아가기를 바라는 내 소망이 간절하다.

내 말 좀 들어줘요

"여보! 당신 제발 내 말 좀 들어주면 안 되나요? 진짜 힘들어 죽겠다고요……. 어쩌다 이렇게 만났지만 해도 해도 너무합니다."라고 연약하면서도 강한 그녀의 말이 들려오는 듯하다. 둘이는 태어나면서부터 조물주의 배려 속에 천생연분으로 그렇게 부부가 되었다. 그러나 서로의 간절한 얘기를 듣지도 보지도 못하고 그저 가까우면서도 먼 '당신'과 '여보'로서 먼발치에서 의지하며 살아가기 때문이다. 둘의 호칭은 다름 아닌 사람마다 공통적으로 가지고 있는 음식을 먹는 상대와 그것을 받아들여 소화시켜주는 위를 말하는 것이다.

오래전 고향의 냇가에는 송사리와 피리 떼들 줄지어 노닐고 철부지

개구쟁이들이 검정 고무신 속 작은 물고기들 보고 깔깔대던 시절이었다. 여름날 밤이면 모깃불 연기가 피어오르고 마당의 널따란 멍석 위 두레상 둘레에 옹기종기 모여 앉은 가족들의 웃음꽃이 피어나던 때였다. 내가 중학교 다닐 때 어느 여름날 저녁, 은하수 사이에 두고 크고 작은 별빛이 반짝일 때에 어디선가 애처로운 아이의 울음이 들려왔다.

그 아이의 엄마는 발을 동동 구르고 이웃사람들은 한가로운 여름밤을 놀라움으로 지새우며 무탈함을 빌어줄 수밖에 없었다. 배고픈 시절 이웃집에서 팥칼국수를 솥에 많이 끓여놓아 먹을 수 있게 해주었다. 그런데 철모르는 마음에 달짝지근한 맛에 너무 많이 먹은 후 배가 부풀어 올라 손을 쓸 수 없이 큰 탈이 난 것이다. 다행히도 다음 날 핼쑥해진 눈을 깜박이며 평소처럼 뛰놀던 일곱 살배기 그 아이의 모습이 지금도 기억이 생생하다.

반세기의 시간들을 뒤로 한 요즈음 뭇 사람들이 그때와 상황은 다르지만 위의 아픔을 모르는 것 같아 안타까운 마음이 들곤 한다. 식사하는 사람을 '남편'이라 정하고 함께 동고동락하는 위를 '아내'라 칭해본다. 그 사람은 이것저것 음식을 먹고 시도 때도 없이 아내에게 일만 시켜놓고 생각을 제대로 못할 때가 많다. 아내가 애처로이 말해주는 하소연을 잘 듣지 못하고 반복해서 철부지 어린애로 산다.

깊은 생각 없이 갖가지 음식을 제대로 정리해서 전달하지 않고 평소와 달리 모임 때가 되면 욕심대로 넣어주는 어리석은 식습관을 갖는 일이 있다. 신체가 유달리 강하게 태어난 아내도 한계가 있는데 그것을 깨닫지 못하니 참으로 딱하다. 대화가 안 되어 만날 나오는 한숨소리는 메아리가 되어 허공을 떠돌게 되기도 한다.

아내와 같은 위의 괄약근은 출입구를 구성하며 끊임없는 회전운동으로 음식물을 갈아주고 들고나는 것을 통제해준다. 이러한 여닫이를 적절히 조절하고 있는 것은 호르몬과 신경이다. 그러기에 '위'라고 하는 튼튼하고 천성이 착한 아내는 남편이 가지고 있지 않은 대단한 능력을 가지고 있다.

남편이 같이 살겠다고 보내주는 갖가지 음식들을 쉴 새 없이 연동운동을 통하여 기계적으로 분절해주고 화학적으로 분해하며 소화력을 좋게 해주기 때문이다. 그리고 자신을 위한 방어 작용을 멈추지 않고 사는 것이다. 어쩌다가 서로의 애틋한 인연으로 만나게 된 남편과 아내가 되었다고 하지만 그 아내도 하고 싶은 말이 많이 있다. 웬만해서는 너무 힘들고 짜증난다고 화를 안 내지만 보내주는 일들이 생각보다 많아 위험수위를 넘으면 참기가 어려워져 무언의 행동으로 투정을 부리기도 한다.

과식이 되면 속이 더부룩하고 트림도 계속 나오며 식욕이 생기지 않아 머리가 아프고 어지러워 속이 매스꺼워 견딜 수 없다고 아픔으로 신호를 보내주는 것이다. 반대로 일의 양을 너무 적게 맡겨주면 할 일이 적어져서 또 허전한 고통 속에 주름이 늘어나기도 한다. 그렇게 되면 아내인 위의 건강상태는 병을 앓게 되어 쇠약해지게 된다. 그래도 바보 같은 여보는 알아차리지 못하고 같은 일을 반복하여 시키니 어찌 오랜 세월을 함께 살 수 있겠는가? 착하고 어진 아내는 구중궁궐 속 어두운 곳에 있으며 너무 힘들어서 속으로 눈물을 흘리고 냉가슴을 앓고 지내니 그저 안쓰러울 따름이다.

아내는 참으로 현명하여 불규칙하게 일을 맡기는 남편을 싫어한다. 남편이 교감신경이 발동하여 자주 흥분하고 긴장하면 아내가 긴장하여 근육이 죄어들어 평소의 하던 일을 제대로 하지 못하게 된다. 반대로 부교감신경이 발달하여 흥분해주면 위산이 많이 분비되어 아내의 움직임도 활발해지고 즐거운 마음과 유쾌한 기분으로 왕성하고 활기 있는 행복한 생활이 이어지게 된다.

백세시대라고 하면서 살아가고 있는 현대는 조금만 부지런히 일을 하면 못 먹어서 배고프다고 아우성치는 일은 드물 거라고 생각된다. 거꾸로 너무 많이 섭취해서 큰 걱정을 하는 경우를 자주 본다. 개개인에 따라 다르겠지만 비만 때문에 걱정하며 온갖 운동을 하고 큰 돈을 지불하며 의약처방에 시달리는 경우를 많이 볼 수 있다.

그런 이유에서인지 요즘 이따금씩 들려오는 좋지 않은 소식들이 들려오곤 하여 걱정스러움을 주곤 한다. 평소 건강했던 지인들이 갑자기 크고 작은 위장수술을 했다고 하며 음식섭취의 조절에 신경을 쓰고 불편한 생활을 하고 있기 때문이기도 하다. 그중에는 몇 개월 전까지도 아무렇지 않게 잘 지내던 사람들이 아내인 위의 말을 미리 깨닫지 못하고 돌이킬 수 없이 잘 못 되어버린 경우도 볼 수 있었다.

현대의 건강검진 내시경은 많이 발전하여 작은 호스나 첨단의료기구로 측정하는 편리함도 있어 좋다고 한다. 아내는 또 걱정이 되어 잔소리처럼 속삭이듯 끊임없이 말해준다. 제발 규칙적으로 그것도 내가 살아가기 편하도록 잘 맞는 다양한 음식을 잘 손질해서 적당량을 보내주라고……. 그러면 여보를 위해 성심성의껏 잘 소화시켜 피가 되고 살이 되게 필요한 곳곳에 즐거운 마음으로 보내주겠다고…….

그런데 왜 그렇게 말을 잘 듣지 않고 원하지도 않은 것을 도저히 감당할 수 없을 만큼 견디기 힘들게 들이미니 정말 힘들다고 말한다. 어느 때는 배가 고파서 조금만 더 주었으면 하는데 그렇지 않아 제대로 운동도 못하게 하고 또 다른 때는 모임만 가면 낯선 것들을 너무 많이 밀어주어 큰 고생을 하게 한다. 평소대로 적당히 조절해서 사랑을 해주면 항상 탱탱한 얼굴을 가지고 살아갈 수 있으련만 아무리 잔소리를 해도 그놈의 심사가 뭔지 통 말을 들어주지 않아서 미워진다.

아내가 심성이 곱고 튼튼하게 태어났다고 해도 긴 세월 살다 보니 한계가 있는 듯하다. 불규칙적으로 어느 때는 부족해서 주름지고 또 다른 때는 넘쳐나 늘어나서 또 주름지니 제 구실을 할 수 없게 되어 수술까지 해야 되는 경우가 있다. 이렇게 좋은 세상에 찰떡궁합으로 만난 둘 사이인데 서로가 위로하고 사랑하며 알콩달콩 살아도 짧은 시간들이 아니던가?

그렇게 살아오며 꾸며 온 아이들 셋 중 둘이 마흔이 넘었으니 어지간히 남편이 아내의 말을 듣지 않고 애를 먹이며 고생시켜 살아온 것 같다. 아내보다 어머니 말에 비중을 크게 두고 적게 마시라는 술은 더 많이, 일찍 오라 하면 늦게, 절약하라 하면 낭비 등등……. 청개구리 같다고 투정을 들은것도 헤아릴 수가 없으니 정말 미안한 마음이 든다.

이제라도 남편이 조금만 조심해서 귀를 기울여 주었으면 정말 좋겠다. 그렇게 아내를 배려하고 아껴준다면 얼마나 행복할 수 있을지 그

답이 환히 보이는 듯하다. "여보! 제발 내 말 좀 들어줘요." "그래요 내가 앞으로 그렇게 하리다."

착한 사람이 많아서 좋아

몇 해 전에 평상시 매일 잘 다니던 길에서 쾅! 하는 예기치 않은 황당한 일이 있었다. 지금도 그때 기억이 생생하여 이곳을 가다 보면 어제 일처럼 신경이 쓰여 차를 멈추고 좌우를 더 정확히 살펴본 후 천천히 직진을 한다. 운전을 하다 보면 누구에게나 별의별 사건들이 많이 있을 수 있지만 그래도 평생 뚜렷이 기억에서 사라지지 않은 경우가 있으리라 생각된다.

다섯 해 전 시골에서 추석을 보내고 온 다음날 집에서 점심식사를 하고 직장으로 가고 있었다. 사거리이지만 직진이 우선인 차도를 보고 멈춰서 양쪽을 보니 우측 아래 멀리서 차가 올라오기에 천천히 진입을 했다. 아마도 4m 정도 갔으니 내 차의 속도 아주 느렸다. 잘 보이지도 않던 차가 얼마나 속력을 내었는지 어느새 앞에서 멈춰서는 가벼운 접촉사고가 나고 말았다.

오고 가는 사람들이 모이기 시작했고 당황해서 어찌할 줄 몰라 망설이며 무엇을 먼저 할지 당황했다. 학교에 전화해서 조금 늦을 것 같다고 말하고 보험회사직원에게도 연락을 했다. 상대방 운전자도 내 또래로 보이는데 첫인상이 깐깐하게 보이고 화를 내며 큰 소리부터 치는 것을 보니 보통사람이 아닌 듯해서 순간 걱정이 앞섰다.

그 사람이 전화를 했는지 건장한 젊은이가 와서 사장님을 연발하며 부산을 떨었다. 내가 든 보험사 직원이 와서 수습을 하기 시작하는데 일이 커지고 있었다. 그 차는 1990년대 초 아주 낡은 검은 외제로 사람은 다치지 않고 운전석 옆만 조금 들어가고 벗겨진 상태였다. 지금도 그렇지만 소심해서 그런지 놀라고 부끄러우면 얼굴이 불그스레해지는 때가 많다. 더구나 명절을 보내면서 햇볕에 그을었는지 그날은 더 그랬는지 모른다.

나중에 안일이지만 그 나쁜 사람은 도로가 교통 법규상 7대 3이라는 것을 알고 있었는지 갑자기 생떼를 쓰기 시작했다. 경찰에 신고하여 음주측정을 해야 한다고 해서 경찰들이 와서 그렇게 하니 이상이 없자 병원에 입원과 렌터카를 이용해야 한다 하며 법석을 피우기 시작했다. 상대편은 무보험자라서 보험회사 직원도 오지 않고 있었다.

그러고 있을 때 전화가 와서 받아보니 서울의 큰딸이 "아빠, 아들 낳았어요."라고 말하여서 힘없는 소리로 축하한다고 했다. 마음을 가다 듣고 집에도 전화를 해서 자초지종 이야기를 하고 사고 수습에 나섰다.

보험사 직원이 말해서 처음 알았지만 외제차는 렌트비가 하루에 40만 원에 1개월을 이용할 수 있으니 얼마인가? 그리고 입원을 하면 그 비용은 또 많을 것이 아닌가? 보험 측에 맡기고 차를 수리하라고 맡긴 후 직장으로 갔다. 한참 멍하니 생각에 잠겨 있다가 혼잣말로 "운전을 조심해야지." 하며 일상생활로 되돌아갔다. 그래서 그때 태어난 외손자의 생일은 더욱 기억이 뚜렷해져서 더 귀엽고 보고 싶어지는가 보다.

나중에 알고 보니 8대 2의 내 과실로 보험 처리되고 외제 차주는 부부가 보험사에 와서 보통사람들이 이해 못 할 정도의 큰 소란을 피웠다고 했다. 보험도 들지 않았어도 법이 그런지 수백만 원을 현금으로 수령해 갔다고 얘기해 주었다. 이따금씩 매스컴에서 들려오는 보험금을 노린 고의 사고를 유발시키는 차들이 있다는 사실을 직접 실감 한 느낌이 들었다. 우리가 스스로 법규를 잘 지키고 안전운전을 할 필요가 있을 것 같다. "나쁜 사람이 많으면 안 되는데." 하고 '좋은 사람은 없나?' 하며 생각하게 되었다.

며칠 전 처음으로 서울의 큰 병원에서 건강검진이 예약되어 아내와 함께 새벽 기차를 타고 갔다가 오후에 돌아왔다. 복부시티 촬영도 하고 수면 위 내시경을 했으니 오늘은 음식물 섭취를 비롯해서 운전을 금하라고 주의를 해서 예! 라고 대답했었다. 역에 도착하여 수 시간이 지났으니 괜찮겠지 하는 마음으로 주차장에 가서 차를 운전하기 시작했다. 오늘 따라 막히지도 않고 펑 뚫린 넓은 길을 낯익은 곳이라 쉽게 통과

하여 아파트에 다다랐다.

아내는 먼저 집으로 올라가고 나는 주차 하기 위해 천천히 후진을 하며 카메라에서 삐삐삐 소리가 났을 텐데 잘 못 들었다. 그러다가 차 긁히는 소리가 들리는 것 같아서 멈추고 내려와 보았다. 내 차 뒤와 다른 차 범퍼가 접촉이 되어 둘 다 검정색이어서 흠집이 더 하얗게 보이지 않은가? 또 보험료가 오르겠구나! 하고 순간적으로 걱정이 되었다. 단골로 가는 카센터에 전화를 하니 받지 안 해서 피해 차량 앞의 스티커에 적힌 번호로 전화를 했다.

"여보세요, 00번 차량 주인이시지요?" "예, 맞습니다." "지금 어디 계신지요?" "회사입니다." "제가 같은 아파트 0동 0호 사는 사람인데 주차하다 댁의 차를 조금 손상을 입혔네요." "아 그러세요, 그러면 제 차는 며칠 뒤 폐차를 하려고 하니 걱정 마시고 선생님 차나 잘 수리하세요." 라고 친절한 말씨가 귓전에 울려왔다. "예, 감사합니다. 다음에 만나 술이라도 한잔합시다." 하고 전화를 끊은 후 엘리베이터를 타고 올라가는 기분이 상쾌했다. 새벽부터 시작해서 건강검진을 포함해 바쁘게 보낸 시간들이 거실에 무사히 들어서니 스르르 다 녹아내리는 것 같아서 좋았다.

어느 사람은 주차공간이 있어도 만날 가운데에 주차해 놓고 다른 사람이 차를 밀다 접촉사고로 흠집이 생겼다고 수리비 수십만 원을 받아갔다는 얘기도 들었다. 또한 경미한 접촉에도 서로 배려하지 못하고 상대방에게 큰 불이익을 주는 경우도 많다고 한다. 잊어버리나 했는데 수년 전 있었던 외제 차 때문에 새로 구입한 내 차의 아픈 상처가 또 생각난다.

각박해진 요즈음 뒤에서 접촉사고를 작게 내었어도 피해자의 너그러운 마음으로 "운전을 조심히 해야지요." 하고 다 같이 운전하는 처지라며 원만히 해결하는 사례도 많이 보았다. 우리가 사는 이 좋은 세상에 나쁜 사람보다는 "착한 사람이 많아서 좋아!" 맑은 가을 하늘을 향해 외쳐본다.

너도 좋고 나도 좋고

오늘은 친구의 따뜻한 정이 넘친 위험천만하고 스릴이 넘치는 한 편의 드라마가 전개된 흐뭇한 하루였다. 요즈음 우리 주변에 추석명절을 앞두고 한 달 전후로 이 산 저 산의 양지바른 곳에 자리 잡은 묘지들이 자손들의 정성으로 하나 둘씩 벌초가 되어 새롭게 단장되는 풍경을 볼 수 있다. 옛날에는 후손들이 함께 모여 낫을 숫돌에 갈아서 직접 그 일을 하면서 아기자기한 시간들을 보내기도 했다. 지금은 대부분 예초기라는 기계로 대신하다 보니 더 큰 위험도 따르게 되어 주의가 필요하게 되었다.

수년 전부터 선조들의 묘지 벌초를 다른 전문인에게 맡기고 현장에서 작은 일을 도우며 함께 참여했다. 미리 정해진 날이라 매주 문우들과 함께 하는 글쓰기 공부도 포기하고 이른 아침부터 서둘러 정읍으로 가서 고향집을 들른 후 선산으로 올라가니 기계 소리가 요란하게 들려왔다. 일을 하실 분들이 나보다 훨씬 일찍이 왔던 탓에 벌써 네 사람 중 셋은 기계를 매고 한 사람은 갈퀴를 들고 더운 날씨에 열심히 작업을 하고 있었다. 함께 있어야 할 일을 맡은 6촌 동생이 안 보여서 웬일인가? 하고 생각하다가 사람들에게 애쓰신다고 간단히 인사를 한 후 부모님 산소를 둘러보고 준비한 낫과 톱을 들고 내가 해야 할 일을 하기 시작했다.

여러 명이 시원할 때 맡은 일을 끝내려고 한 탓에 며칠 전에 보았던 모습과 달리 넓은 벌 안의 이미 벌초가 된 봉분들이 그 사이 말끔히 단장되어 보기가 좋았다. 조금 옆에 자리 잡은 부모님의 산소 가는 길을 정리하고 벌초를 하기 시작하였다. 두 해 전에 돌아가신 어머니를 모실 때 사초를 한 탓으로 그다지 잔디가 무성하지 않아 일하기가 간단하리라 생각하였는데 그만 큰 일이 발생하고 말았다. "아! 어찌한다?" 예상치 못한 일이 생겨 모두들 난감하게 되었다.

기계를 맨 두 사람 중 한 사람이 아버지 산소 아래 평평한 곳에서 작업을 시작하다가 갑자기 "어! 말벌이네!" 하고 소리 지르며 정신없이 뛰어오지 않는가? 벌의 지능지수는 얼마나 되고 시력은 또 어떤지 몰라도 몇 마리가 그 사람을 공격하며 따라붙는 게 보였다. 모두들 일을 멈추고 난감해서 멍하니 앉아서 있을 수밖에 없었다.

순간 나는 이 일을 어떻게 해야 할지 걱정이 되어 벌이 있는 곳과 조금 멀어 보여서 봉분이라도 깎으면 안 되겠느냐고 걱정스럽게 말을 하니 어쩔 수 없이 두 사람이 조심스레 그 일을 시작했다. 그때 옆에 있던 동생이 119에 전화를 해보니 주택이나 건물에 있는 벌집은 해결해주는데 일이 밀려서 산에는 올 수 없다고 전해주었다.

땅속에 벌집이 있는 탓에 몇 마리만 주위를 빙빙 돌고 많이는 보이지 않아 두 사람이 천천히 조심조심 기계를 돌리기 시작하고 멀찌감치 앉아서 다른 사람들은 걱정되는 마음으로 지켜보고 있었다. "아뿔싸!" 그때 아래쪽에서 일을 하던 건장한 분이 위로 달려오며 "앗!" 하며 비명을 질렀다. 어느새 자기 집과 가족을 지키려고 망을 보던 화가 난 정찰병 세 마리의 벌에 물리고 쏘인 것이다.

사람의 목숨이 달린 문제이고 요즘 매스컴에서도 말벌에 주의해야 한다고 연일 보도되기도 하였기에 전문가를 시켜서 벌집을 완전히 제거를 한 후 벌초를 하게 할 것을 하고 후회하기도 했다. 내 마음은 이왕 시작했으니 간단히 봉분만이라도 정리하고 싶은 욕심이 화를 부른 것이기도 하여 매우 미안했다. 보통 벌도 아니고 장수말벌이라고 하면서 모두들 겁을 먹고 나무 그늘 아래에 앉아 음료수를 마시며 일을 포기하려는 기색이 확연히 보였다.

그 순간 언젠가 인근에 사는 친구가 했던 말이 생각나서 "아! 그렇구나, 내가 왜 그 생각을 못했지 하며 이 친구에게 전화를 해봐야겠다!" 라고 사람들에게 말한 후 스마트 폰으로 연락을 하니 용케도 통화가 되었다. 자초지종을 이야기하니 걱정 말고 에프킬라 몇 병을 준비하고 기다리라고 했다. 그 친구는 다행히도 근처에서 80여 통의 양봉업을 하면서 성실하게 살아가는 누구보다 다정한 초등학교시절 짝꿍이었다. 매년 꿀벌통의 입구에 말벌 놈들이 쳐들어와서 애지중지하는 벌들을 죽인다고 투덜대며 한숨을 쉬곤 했던 말이 생각난 것이다. 배드민턴채나 파리채로 말벌을 때려잡아서 술을 담근다고도 했던 기억이 났다.

나는 서둘러서 산을 내려가 조금 떨어진 가게에 가서 에프킬라를 사서 올라가며 벌에 쏘인 사람이 걱정되어 동생에게 전화를 하니 시내 병원으로 가는 중이라고 했다. 그때 뒤에서 오토바이 소리가 들리고 나를 부르는 큰 목소리에 발을 멈춰 서로 반갑게 만났다. 몇 달 만에 보는 모습인데 무더운 여름날을 보낸 흔적으로 얼굴이 새카맣게 그을린 씩씩하고 건강한 외모에 안도의 마음이 들었다. 동생이 그 사람을 태우고 시내의 병원에 가서 주사를 맞고 약을 처방받아 치료를 한 후 돌아왔다. 벌에 쏘인 그분이 다행히도 벌을 타지 않는 체질이라 괜찮다고 하여 또 한 번 안도의 숨을 쉬며 모두들 어설픈 미소를 지었다.

현장에 도착하여 드디어 한 편의 '장수말벌과의 전쟁'이라는 영화가 시작되었다. 친구의 유창한 목소리로 해설이 시작되었다. 보통 말벌은 "나무 위나 풀숲 위에 큰 호박모양의 집을 짓고 사는데 이처럼 땅속에 있는 것은 크기가 대형이라 장수말벌이라고 설명했다. 땅속에 있는 벌을 잡는 것도 중요하지만 밖으로 사냥 나간 벌들이 대거 공격할 테니 조심하라고도 했다." 그 뒤 이 친구는 준비해온 모자와 옷으로 완전무장을 하기 시작했다. 관객들은 멍하니 그 광경을 보면서 걱정 반 기대 반의 표정을 지으며 영화를 관람하게 되었다.

친구가 "급히 오느라 배드민턴채를 안 가지고 왔네! 어디서 구할 수 없는가?"라고 말하니 그 산속에서 고기를 잡아오라는 것과 무엇이 다르겠나 싶었다. 그때 저쪽에서 팽개쳐진 초록색 갈퀴를 보고 좋은 생각이 떠올라 나는 재치를 발휘했다. 갈퀴를 비닐봉지로 싸매고 칡넝쿨로 이리저리 잘 동여매서 건네주니 "과연 자네는 머리가 좋네 그려!" 하고 나를 추켜세우며 빙긋이 웃었다.

누구 하나 벌집 근처엔 가지 못하고 자꾸 뒷걸음쳐 더 멀리서 구경을 하고 있었다. 장갑을 끼고 한손으로는 에프킬라를 자기 옷과 벌들에게 사정없이 뿌리며 다른 한 손으로는 신무기로 탄생한 비닐 씌운 갈퀴로 계속 달려드는 큰 벌들을 조준하여 때렸다. 한 번 타격을 받은 놈들이 기어가고 꿈틀거려 걱정되어 조심하라고 말하니 그 친구가 "걱정 말게! 한 번 멍든 놈들은 날아가지 못하고 힘도 못 쓴다네!" 하며 안심을 시켜주었다.

신기하게도 벌과 전쟁을 하는 친구의 표정은 연신 웃음 지으며 일하는 과정이 신이 나고 매우 재미있는 표정이었다.

하늘에서 내려오며 공격하는 공군 전투병들을 잡을라. 땅속에서 나오며 죽자 살자 달려드는 육군 보병들을 잡을라. 친구는 정신을 차리지 못하고 이따금씩 우리 쪽 가까이로 피하다 다시 가곤 하였다. 벌들이 잠잠해지면 또 내려가서 그 일을 반복하기 한 시간 정도 지나게 되었는데 어려운 일이 하나 더 늘어나게 되었다. 괭이로 땅을 파면서 벌집을 해체하는 일이다. 그래야 나중 성묘를 왔을 때도 아이들도 어른들도 모두 안심할 수 있으니까……. 한 번씩 땅을 팔 때마다 벌의 공격은 더욱 심해지고 하얀 애벌레가 들어있는 부서진 손바닥만 한 벌집

조각들이 나오기 시작했다.

"어! 어쩌지." 누구라 할 것 없이 동시에 말을 하였다 그 친구의 옷 주변에 여러 마리의 벌들이 붙어있었기 때문이다. 아니나 다를까? 등에 벌을 쏘이고 말았다. 걱정되어 친구에게 말하니 자기는 괜찮다고 하여서 또 웃을 수밖에 없었다. 세숫대야 정도 크기의 벌집이 몇 조각으로 나뉘어 모두 밖으로 나왔다. 기절했던 병정벌들은 살아서 꿈틀거리지만 부상을 입어서 맥을 못 추니 하나둘씩 정성스레 친구의 손에 이끌려 한쪽에 모아서 정리되어 갔다.

그래도 밖에 사냥나간 놈들이 주기적으로 몇 마리씩 보이니 아직도 사람들은 벌초 일을 시작하지 못하고 있었다. 그때 장수말벌들과 용감히 전쟁을 치렀던 친구가 "내가 책임질 테니 어서 와서 일들 해요!"라고 소리쳤지만 모두들 겁먹은 얼굴로 선뜻 나서지 못하고 있었다.

시간이 더 지나 벌집 주변이 잠잠해지고 '장수말벌과의 전쟁'이 막을 내리자 걱정했던 일을 다 끝내고 아픔과 땀으로 얼룩진 얼굴의 먼지를 닦아내는 주인공을 보며 관중들도 편안한 마음으로 되돌아갔다. 떠나면서 한 사람이 "저 양반 돈 벌었네!"라고 한 말이 내 귓전에 맴돌았다.

모두 산을 내려 간 후 나와 친구만이 남아서 대화를 하게 되었다. 나를 부르며 "여보게 친구! 부모님 묘가 참으로 명당자리네! 듣기 좋은 말이라 나도 그런가?" 하고 맞장구를 쳤다. 자꾸 자기 혼자 마무리할 테니 내려가라고 다그쳤다. 그래도 혼자 두고 갈 수 없어서 망설였더니 자기 집에 가서 술병을 가지고 온다고 한 후에 오토바이를 타고 되돌아온 친구 손에 술이 조금 들어있는 커다란 병과 벌과 술이 같이 담겨진 작은 술 한 병이 있었다.

커다란 병에는 살아있는 벌과 애벌레들을 넣고 작은 병에도 그렇게 몇 마리를 넣더니 이렇게 말을 하였다. “이 작은 병의 것을 25도 소주 대병에 넣어서 석 달 후에 먹으면 힘이 좋아지네.”라고 말했다. 내가 자꾸 재촉하니 애벌레가 들어있는 벌집을 커다란 봉지에 담아 넣고 함께 내려오려고 하였다. 그러자 그 친구가 “아니네, 조금 후면 또 사냥 나간 놈들이 올 것이네, 그놈들까지 다 소탕해야 후환이 없을 걸세.”라고 한사코 고집을 부렸다. 하는 수 없이 아쉬운 작별을 하고 나 혼자 내려와서 홀가분한 마음으로 차를 쌩쌩 몰고 전주로 돌아왔다.

저녁이 되어 아내와 함께 맨날 하는 행사로 열두 달 고스톱을 치고 있는데 낮에 영화 속의 주인공인 그 친구에게서 전화가 왔다. “어이 친구! 고맙네, 비싸고 좋은 장수말벌을 갖게 되어서…….” 아니 뭔 소리! 자네 아니었으면 벌초를 못할 뻔했는데 정말 고마웠어! 아참, 벌에 쏘인 데는 괜찮은가?” 하니 방금 전 보건소에 가서 큰 벌침 하나를 제거하고 약을 먹었더니 조금 어지럽지만 괜찮아! 걱정 말게! 고마워…….”라고 말을 하고 서로 전화를 끊었다.

우리가 사는 이 세상의 곳곳에서 작은 것도 큰 것도 서로 배려하면서 너도 좋고 나도 좋고, 한 편의 멋진 드라마가 계속 만들어져서 관객들을 흐뭇하게 했으면 하는 꿈을 갖고 싶다.

벌에 물리고 쏘인 두 사람 모두 봉침도 약이 된다고 오히려 더욱 건강하게 되었으면 하는 바람이다. 변화무쌍한 요즈음 매사에 안전을 최우선으로 여기며 현명하게 대처하고 사는 지혜가 필요한 시대인 것 같다. 올 추석명절은 장수말벌과의 전쟁을 떠올리며 뜻있고 보람 있게 보내야겠다.

증발된 아내

5분이면 들어와야 할 아내가 30분이 되어도 안 와서 딸이 '엄마가 증발했어요.'라고 경찰에 신고를 하는 해프닝이 벌어졌다.

초등학교도 안 다니는 아이들부터 나이에 관계없이 요즘 누구나 핸드폰을 소지하고 다니는 게 현실이다. 또한 주변에서 그 물건 때문에 일어나는 크고 작은 웃고 웃을 일이 무수하여 당황한 경우를 목격할 때도 많다. 몇 달 전부터 시골에 가서 메주와 간장 담그기로 약속한 탓에 아침부터 서둘러서 오십여 킬로의 거리인 고향마을로 갔다. 또한 올 한 해 과수와 농작물을 가꾸는 데 필요한 비료거름을 이십여 포대 구입해서 집안에 정리하니 마음이 홀가분해서 좋았다. 동생 부부와 함께 메주를 깨끗이 씻고 물과 소금의 양을 맞추고 달걀을 넣어 농도가 적당한지 측정하여 항아리에 메주와 간수를 부어 양지바른 곳에 보관하고 돌아왔다.

오는 길에 K 지역에서 대규모로 매일 도축을 하고 가공하여 판매하는 대형 목우촌에 들러 자녀들과 나눠 먹으려 돼지 삼겹살과 갈비고기를 구입해서 왔다. 오후에는 시장의 단골집에 가서 참기름과 들깻가루를 사서 집에 돌아오며 또 정육점에 들러서는 소고기 장조림을 할 요량으로 홍두깻살 부위를 구입해서 아내에게 주었다. 같은 시내에 아들 가족과 삼 년 전 출가한 딸 부부가 살고 있어서 이따금씩 반찬을 마련해서 나눠 먹는 일이 종종 있기 때문이다.

내 할 일을 끝냈다 생각하고 운동하러 다니는 연습장에 가서 시간을 보내고 집에 오니 그동안 쉬지도 못하고 이것저것 모두 장만하여 마무리해 놓은 것을 보았다. 아내에게 나도 몰래 흐뭇해하며 애썼다고 말하고 밝은 표정을 지어 주었다. 평상시처럼 딸에게 전화 통화를 한 후 십 분 후에 도착하니 항상 만나서 전해주는 집 근처 정육점 앞으로 간다 하고 그 시간에 맞춰 가벼운 옷차림으로 나가는 것을 보며 나는 TV의 운동 경기에 집중하고 있었다.

한두 번이 아니고 매번 그렇게 나가면 항상 그 장소에서 만나 전해주고 몇 분 있다가 집으로 들어오는 게 일상화 되었는데 아직도 못 만났는지 딸이 집으로 전화를 하여 엄마가 아직 안 왔다고 걱정하며 말을 했다. 순간 무슨 일이 일어났나? 하며 소심하고 급한 내 성격에 당황하기 시작했고 외출복을 챙겨 입은 후 급히 밖으로 나가서 약속장소에서 초조해하는 딸과 만나 사방을 둘러보았지만 보이지 않아 별의 별 생각이 다 들었다.

핸드폰으로 전화는 여러 번 했고 답이 없으니 다시 집으로 와서 확인하여 안방에 있던 것을 가지고 다시 나갔으나 여전히 추운 날씨에 초조하게 서있는 딸아이가 걱정되어갔다. 그러다가 30여 분이 더 지나고 더욱더 불길한 생각이 들어 마음이 조마조마했다. 가끔 매스컴에서 갑자기 교통사고가 나면 핸드폰도 없으니 연락도 할 수 없고 다급할 때 우선 병원으로 데리고 간 경우도 있다고 하니 혹 그런 일이 일어났나? 하는 엉뚱한 상상을 하였다.

그러면서 오늘 너의 엄마 메주도 담그고 여러 가지로 많이 힘들었는데 길에 사고 난 흔적도 없고 교통사고가 급히 나서 경황이 없어 태우고 어디 병원에 갔나? 하고 말하니 딸이 제일 가깝고 큰 병원에 연락을 해볼까 하고 말을 했다. 그리고 아들한테도 이런 일이 있다고 전화를 해보고 매우 불안해 하니 차분한 딸도 덩달아서 나처럼 걱정하기 시작했다. 이런 일이 한 번도 없었기 때문이다. 인근 가게에도 들러보며 시간은 자꾸 흘러가도 해결책이 나오지 않아 눈치빠른 애가 어디론가 전화를 하였다.

내가 옆에서 들으니 그쪽에서 핸드폰 번호를 묻는 것 같았고 그걸 놓고 가서 아빠가 소지하고 있다고 전해주며 주소 등 위치와 생년월일 등 신상에 관한 내용을 알려주고 있었다.

그쪽에 연락하는 대화 중 "엄마가 증발했어요!"라고 하는 것을 들었다. 조금 후면 아마 경찰들이 출동해서 아내를 찾으러 소란을 피울 것 같은 생각을 하니 더욱 조급해지는 마음이 들어서 어쩔 줄 몰라 가슴이 뛰었다. 난생처음 당하는 일이니 말이다. 그렇게 또 몇 분 동안 시간이 흘러가는데 저쪽에서 까만 옷의 양손에 물건을 들고 천천히 걸어오는 여성이 아내인 것을 보고 반가움보다는 미운 마음이 생겨서 화가 울컥 났다.

딸이 조금 전 통화했던 곳으로 취소하라고 연락하는 것을 보고 나도 모르게 지금 뭐하고 다니는 거냐고 버럭 소리를 지르며 화를 내니 지나가는 사람들이 쳐다봐서 순간 부끄러움이 들었다. 안심이 된 후 사연을 들으니 나가기로 한 곳에 차들이 많이 있어서 아래로 수십 미터 더 나아가 항상 딸이 운전하고 들어오는 방향으로 걸어가서 그 시간 동안 눈이 빠지게 승용차가 언제 오나 하고 기다렸단다.

더구나 오히려 자기는 이 애가 무슨 사고가 나서 지금껏 안 오나? 하고 심히 걱정했다 하니 정말 어이가 없었다. 핸드폰은 폼으로 있는지 꼭 가지고 다녀야 한다고 언짢은 말을 하니 그동안 수십 대의 흰 자동차를 쳐다보며 지쳤는지 아무런 말을 하지 않았다. 둘이 싸울까 걱정되어서인지 “아빠! 엄마한테 너무 나무라지 마세요!”라고 하며 웃는 얼굴로 떠나는 막내 차의 뒷모습이 오늘 따라 유난히 반짝거린다.

아무리 바빠도 판단을 잘 하고 살아가야 여러 사람들이 덜 힘들어 하고 편할 것 같은 마음이 든다. 핸드폰은 가지고 다니라고 있는 건데 사람들은 왜 그렇게 필요할 때 함께하며 사랑을 해주지 않은지 참 답답하다. ‘증발돼 버린 아내’가 아니어서 다행이다.

누나가 없어서?

어릴 적부터 내겐 누나가 많이 있어 참 좋았다. 친누나 셋과 사촌 누나까지 합하면 아홉이나 되었으니 많은 귀여움을 받으며 자랐다고 할 수 있겠다. 스무 살쯤 되었을 땐 열 살 위의 큰누나는 서울에 계시고 두 살 위와 네 살 위의 누나 둘과 여동생이 부산에 살고 있었다. 사연 많은 청춘시절의 추억이 담긴 시골길을 뒤로하고 산속에서 외롭게 공부했던 나는 대학을 가기 위해 이불과 책 보따리를 들고 나 살던 고향의 역에 도착하였다.

기차는 중학교 2학년 때 처음 타본 후 한두 번 경험했던 게 전부였다. 고등학교를 졸업한 뒤 3개월 동안 부산에서 학원을 다니면서 4남매가 함께 자취하며 매일 노래도 부르며 즐겁게 생활한 적이 있다. 누나들과 동생의 덕에 대입 예비고사에 합격하여 진학의 꿈을 이루게 되어 기뻤다. 고교시절 석 달 정도 함께한 정 깊은 타도의 J시에 사는 친구의 권유로 그곳에 있는 대학을 가게 되었다. 설레는 마음으로 호남선열차를 타고 서대전역에서 갈아타고 부산으로 향했던 그 시절이 정말 까마득한 옛날이라 감회가 새로워진다.

당시에는 내 고향의 역에서 부산으로 직접 가는 기차가 없어서 서대전역에서 백마호 기차로 갈아타야 했다. 입석표를 가진 나는 많은 사람들 틈새에 끼어 서서 갈 수밖에 없었다. 대전에 내려 바쁘게 부산행 백마호에 오르니 역시나 비좁은 공간이 힘들었으나 학교를 간다는 부푼 희망이 있어서 그래도 마음은 즐거웠다. 그때 내 눈이 번쩍 뜨이는 게 있었다. 오래전부터 알고 있던 사람처럼 낯이 익은 것 같은 정이 가는 한 여성이 옆에 있는 것을 본 것이다. 순간 "아이고! 세상에 이렇게 예쁜 사람도 있을까?" 하고 혼자 뇌까렸다. 아마도 첩첩산중 토끼와 발맞추는 산골 마을에서만 살던 순진한 촌놈의 눈에는 그럴 만도 했는지 모른다.

평소 꼴 베고 외양간에서 쇠죽 쑤고 지내면서 보리밭 매는 산골 처녀들만 보다가 색다른 모습에 반했는지도 몰랐다. 바로 옆에 검고 긴 머리를 적당히 늘어뜨리고 흰색바탕의 셔츠 위에 청색코트 차림으로 보랏빛 목도리를 두른 멋진 미인을 본 것이다. 얼굴도 예쁜 데다 코트 왼쪽 깃 위엔 도토리 모양의 반짝이는 갈색 브로치가 달려있어 더욱 나의 마음을 끌었다. 숨을 가다듬고 큰 용기를 내어 어디 가는 길이냐고 내가 먼저 말을 걸었다.

웃는 모습으로 목포의 할머니 댁에 갔다 대구에 가는 중이라고 상냥한 말투로 대답했다. 나도 대학에 입학하러 가는 중이라고 하면서 이야기 물꼬가 트여 시간 가는 줄 모르고 얘기하다 헤어질 시간이 되어 가니 너무나 서운했다. 나이가 나보다 한 살 위라 해서 누나로 사귀고 싶다고 했더니 더욱 밝은 얼굴로 긍정적인 표정을 지어서 다행이었다. 이젠 기차에서 그녀가 먼저 내려야 할 시간! 주소를 적을 준비도 안 되었고 그냥 여기서 작별하기는 너무나 허망한 것 같아서 주소와 이름을 물어보면서 이렇게 말을 했다.

"잊어버리지 않으면 연락할게요!" 헤어지는 짧은 순간에 말해주었던 대구시 남구 대명동 1가 ○○○번지 '이○'이라는 말을 부산의 자취방에 들어설 때까지 행여 잊을까 걱정되어 수십 번 되뇌며 머릿속에 담고 갔다. 도착하니 누나 둘과 여동생이 반갑게 맞이하며 오느라 고생했다고 하는 말에 바보같이 이렇게 말했다. "나 오늘 누나 하나 사귀었어!"라고 자랑하듯 대답하니 두 살 위 누나가 하는 말이 "누나가 없어서?" 하고 빙긋이 웃으며 비꼬는 말을 했다. 그것도 아랑곳없이 행여나 주소와 이름을 까먹을까봐 서둘러서 펜을 꺼내어 급하게 벽에 조그맣게 적어 놓았다.

3월이 되어 입학을 하고 그 뒤로 편지를 보낸 뒤 한 달이 지나도 답장이 없어서 포기하고 잊혀 가는데 꽃 피는 4월 어느 날 정성껏 세로로 쓴 편지가 왔다. 둘이는 누나와 동생이라는 호칭을 써가며 오누이의 마음으로 늦가을이 될 때까지 온 정성을 다하여 편지를 주고받으며 서로 위안이 되어갔다. 그때의 덕으로 지금도 나는 세로로 글씨 쓰기를 좋아하는 편이다.

일주일에 나흘씩 군사훈련(하사관)까지 받으며 학교 근처의 하숙집에서 친구와 한방에서 지내게 되었다. 평소 하숙집 아줌마한테 부산의 누님 자랑을 많이 했더니 감동을 받고 입이 닳게 칭찬도 해주는 터였다 그러던 늦가을 J시에서 열리는 예술제를 보러 온다는 연락이 왔다. 닷새 동안 열리는 그 축제는 전국에서도 역사가 가장 오래된 유명한 행사였다. 특히 넓고 긴 강의 흐르는 물에서 밤에 펼쳐지는 유등놀이는 실로 장관이었다.

온다는 시간에 맞춰 터미널에 나가서 기다리니 버스 안에서 밝은 미소를 지으며 손을 흔들고 있는 누나를 볼 수 있어 순진한 내 가슴이 통통거렸다. 커다란 여행가방과 사과 한 상자를 가지고 도착하였다. 편지만 주고받다 오랜만에 만나니 너무나 반가워 택시를 타고 하숙집에 왔는데 아줌마께서 누나냐고 묻기에 망설이다 '예!' 하고 대답해버렸다. 내 생애 크게 거짓말을 한 것은 그것이 아마 처음인 것 같다.

그분이 친절하게 대해주어 다행이었다. 함께 하숙하는 친구는 나를 위해 임시로 밤에는 다른 친구 자취방으로 닷새 동안 피난을 가고 하루하루 바쁘게 생활하게 되었다. 낮에는 학교에 가서 공부하고 오후에는 학훈단 훈련을 받은 후 밤에는 합창과 기악합주로 행사에 참여하니 누나와 같이할 시간이 많이 없었다. 혼자서 이곳저곳 구경을 하고 다녀야 해서 아마도 지루했을 거라 생각했으나 다른 방법이 없었다. 그래도 짬을 내어 친구와도 함께 구경을 하고 우리 둘이는 서로 좋아하는 노래를 촉석루 난간에서 강 위의 별과 달을 보며 다정히 부르기도 하였다.

어려운 시절인데 하숙집의 너그러운 아줌마는 진짜 누나인 줄 알고 정성껏 식사를 제공해주어 너무나 고마웠다. 닷새의 밤이 지나고 학교에 갔다 돌아와 방에 들어가니 손수 가기바늘로 짠 만년필 커버와 꽃병받침, 국화꽃이 담긴 꽃병 그리고 편지 한 통이 책상에 놓여있었다. 왠지 허전함에 울컥하는 마음이 들었으나 편지를 읽고 떠난 것을 실감할 수 있었다. 내가 조금 더 잘 해줄 것을……. 하고 후회도 해보며 다시 보니 노란 꽃병받침 위에 파란 꽃병! 색색의 꽃이 담겨있어 나를 보며 웃는 듯했으나 왠지 쓸쓸한 마음이 들어 너무나 아쉬웠다.

오직 공부 열심히 하여 K도의 여섯 개 시市 지역으로 발령 받아 편입하여 공부를 더 하겠다는 목표로 옆에서 잠이 들어 있어도 나는 책과 싸우고 있었으니 많이 답답했으리라 생각되었다. 나도 누나도 젊은 청춘인데 순진하고 순수함이 같아서 착한 서로를 아까워하며 무척이나 사랑했나 보다 하고 지금도 돌이켜본다. 진심으로 아껴주고 싶은 따뜻한 마음이 우리에겐 최고조에 달했던 것 같다. 오랜 세월이 지나 다른 사람들이 모두 다 믿지 않고 웃어도 그때의 진솔한 늦가을의 맑고 넘실넘실 흐르던 강가의 아름다운 누각의 달밤이 그리워도 후회가 안 된다.

때 묻지 않은 그 시절 순수한 아름다운 사랑의 추억이 오래오래 남을 테니까…….

잠시 피신했던 친구랑 다정히 지내며 예전처럼 편지를 해도 답장이 오지 않아 결국 포기하고 지내다 일 년이 또 지나게 되었다. 10월의 가을 졸업여행을 음악반에서는 전국일주로 하게 되었다. 주로 기차와 버스로 이동했는데 목포를 거쳐 광주를 보고 내장산 단풍에 취한 후 대구에 도착하여 두 시간의 여유시간을 가지게 되었다.

나는 누나를 만나 보려고 주어진 자유시간에 주소를 가지고 찾아갔더니 일 년 새 많이 변해있어 놀랐으나 반갑게 맞이해서 얘기하다 일행과 약속된 YECA건물로 함께 갔다. 도착하니 출입문에 도착한 즉시 동대구역으로 빨리 오라고 메모지가 붙어있었다. 부리나케 택시로 달려가니 아무도 없었다. 이미 경주로 떠난 뒤라서 참 난감하여 할 수 없이 나는 도중하차하고 그냥 부산으로 혼자 가게 되었다. 그땐 개인 전화도 없었으니 가짜 누나를 만나려다 졸업여행은 경주와 설악산을 가지 못하고 어설픈 추억을 또 남기게 되었다.

오랜 세월이 지났건만 그래도 이따금씩 축제기간 동안 흔쾌히 피신해주었던 좋은 친구가 생각난다. 그 친구가 항상 그 누나 정말 멋있었고 미인이었다고 하던 말도 어렴풋이 떠오른다. 일 년 동안 마음을 주고받은 편지 속 글들과 작은 하숙집 방에서 웃고 있던 국화꽃과 그 향기도 아련하다. 아니 그것이 내게는 첫사랑이었는지도 모른다는 생각도 하게 되니 웃음이 나오기도 한다. 도중하차한 졸업여행도 아쉬움으로 뇌리를 스쳐가고 그래도 그런 누나가 있어서 잠시나마 행복했다.

유종인
그날의 합창

인쇄 2020년 09월 04일
발행 2020년 09월 09일

지은이 유종인
발행인 서정환
펴낸곳 수필과비평사
주소 서울시 종로구 삼일대로 32길 36(익선동 30-6 운현신화타워) 305호
전화 (02) 3675-3885, (063) 275-4000 · 0484
팩스 (063) 274-3131
이메일 sina321@hanmail.net essay321@hanmail.net
출판등록 제300-2013-133호
인쇄 · 제본 신아출판사

ISBN 979-11-5933-284-5 03810
값 13,000원

이 도서의 국립중앙도서관 출판예정도서목록(CIP)은 서지정보유통지원시스템 홈페이지(http://seoji.nl.go.kr)와 국가자료공동목록시스템(http://www.nl.go.kr/kolisnet)에서 이용하실 수 있습니다.(CIP제어번호: CIP2020037634)

Printed in KOREA